가슴 설레는 맛,
가슴 뛰는 요리 77

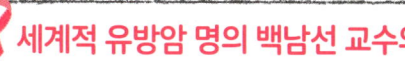 세계적 유방암 명의 백남선 교수의 유방암 바이블!

가슴 설레는 맛,
가슴 뛰는 요리

77

백남선 · 이건호 · 정재덕 지음

Booksgo

유방암 치료의
Paradigm 변화의 필요성

최근 전 세계의 모든 분야가 급변하는 시대의 흐름에 따라 변화(Change)에서 변형(Transformation)을 지나 혁신(Innovation)을 요구하고 있다. 이러한 현상은 단순한 IT분야만의 이야기가 아니다. IT의 최신기술의 수명은 3개월이라고 한다. 의료기술 또한 급변하고 있다.

암은 한국인 사망원인 중 1988년부터 1위가 되어 있고 우리나라에 현재 암 생존자가 100만 명이 넘는다. 또한 최근 1년에 발생하는 암 환자 수는 25만명이나 되는데 한국인 남자의 평균수명(79세)을 사는 동안에 39%, 여자의 평균수명(86세)사는 동안에 34%가 암에 걸리고 있고 일 년에 7만5천명 정도가 암으로 사망하고 있다.

일단 암에 걸리면 제일 먼저 떠오르는 것이 죽음이고, 비싼 의료경비, 항암치료 및 방사선 치료에 따른 고통을 떠올리게 된다. 그러나 다행인 것은 암 환자의 5년 생존율은 우리나라는 이미 세계 최고 수준이 되었고 이러한 사실이 세계 각국에 알려져 최근에는 외국의 의사들이 우리나라로 새로운 치료기술을 배우러 올 뿐아니라, 또한 세계 각국의 외국 환자들이 암치료를 받으러 우리나라를 찾아온다. 즉 암=죽음이라는 개념은 점차 줄어들고 있다.

이런 사실로 현재 약 25만~30만명의 외국인들이 매년 우리나라에서 치료 받고 있으며 빠른 속도로 급증하고 있다.

그만큼 우리나라의 암 치료법의 우수성이 증명되었다. 그러나 우리는 더 효과적이며 경제적이고 고통이 적은 새로운 치료법을 계속 개발하고 발전시켜야 한다고 생각한다. 특히 우리나라는 고유의 전통의술이나 중국 등 동양의술의 특징과 장점이 양한방을 통해 공존하고 있다.

언뜻 생각하면 서로 걸림돌로 생각할 수 있지만 서로의 장점을 조화시켜 암환자를 치료하면 치료효과와 경제적인면, 삶의 질적인 면에서도 암환자에게 큰 도움을 줄 수 있다. 즉 암 치료에서 양칼을 쓸 수가 있는 셈이다.

가끔 매스컴에서도 양·한방 의사들이 본인들만 옳다고 주장하는 일들이 많다. 그러나 물론 옳고 그를 수도 있겠지만 양쪽 학문을 연결(connecting)하고 지식을 통합해 양쪽방법의 이점을 이용하여 암 환자를 치료한다면(Intergrative Method for Cancer Treatment) 치료결과뿐만 아니라, 경제적인 면에서 암환자의 삶의 질도 더 좋아 질수 있어 바람직할 수 있다고 생각된다.

암에 걸리지 않는 것이 완치보다 훨씬 바람직하다(Prevention is better than Cure). 이런 관점에서 보면 지금의 서양의학은 병이 발생하면 병을 없애는 것을 목적으로 한다. 우리의 전통한국의학도 물론 병이나면 병 자체를 없애는 것이 중요하다. 더 나아가 왜 암이 생겼을까?라는 개념을 가지고 원인을 피하거나 제거하며 건강했었던 때의 우리몸으로 되돌리려는 방법들을 모색하여 섭생과 정신적,영적인 평온함을 갖도록 하여 우리의 홀몬과 면역기능이 증진되도록 유도하는 목적도 있다고 생각한다.

예로 암의 원인 중에 가장 중요한 요인이 흡연(30%)보다 잘못된 식습관(35%)임을 잘 알고 있다.

즉 암에 걸리면 서양의학에서는 수술, 방사선요법, 화학요법, 약물면역요법, 호르몬요법, 최근에는 표적치료법(Target Therapy)이라고 하여 그 효과면에서 많은 발전을 한 것이 사실이지만 한국전통의학의 목적처럼 암을 생기게 한 원인을 피하게하고 전체적인 몸의 자생력을 돕는 방법을 통합하여 암환자를 치료한다면 더욱 바람직할 것이다.

예로 암환자의 심한 통증을 진통제나 마약종류로만 치료가 꼭 가능할까?

나는 미국 보스톤 하버드의대의 다나파버암센터에서 통증이 심한 암환자를 일부러 침(acupunture)을 맞도록 동양인 한방 클리닉에 보내어 식습관도 자연식으로 유도하는 것을 직접 목격했다. 즉 이것이 서양의학과 소위 동양의학이 소통(communication, connection)하고 접목(fusion)시켜 암환자를 치료하는 것의 좋은 예이다.

나는 암을 직접 떼어내는 외과의사지만 일본 동경의 국립암센터에서 음식에관한 연구를 1년하면서 항상 전인치료(holistic treatment)에 관심이 있어 'Integrative,comprehensive treatment modality for cancer patient'가 한국에서의 암치료방법으로 큰 장점이 될 수 있다고 생각한다. 서양의학을 기본으로 하고 환자들로 하여금 섭생과 긍정의 마인드를 갖게해 전인치료를 하고 (holistic treatment) 있다고 자부하고 있다.

이대여성암병원장 백남선

CONTENTS

04_ 프롤로그

여성의 **가슴이** 위험하다

01

식습관이 **가슴을** 울린다

02

유방암 **예방을 위한** 레시피

03

신선한 채소는 언제나 진리 채소류

모양도 제각각, 그래도 건강에는 굿! 버섯류

단백질과 함께 언제나 고소한 두부

닭은 듯 닮지 않은 나물 콩나물과 숙주

유방암 환자에게 가장 필수적인 콩류

바다 속 영양의 보고 해조류

한국인의 힘, 사골과 육수 사골국과 항암육수

후식배가 따로 있는 여성들에게 존경을 표하며 디저트류

유방암, 자궁경부암, 난소암 등 여성만을 괴롭히는 암 중에서
가장 높은 발병률을 보이고 있는 것이 바로 '유방암'이다.
의술의 발달로 '5년 생존률'은 높아졌지만,
불행하게도 유방암은 꾸준히 증가세를 보이며 여성들의 생명을 위협하고 있다.

01

여 성 의
가 슴 이
위험하다

유방암이란
무엇인가?

🎗 25명 중 1명은 유방암 환자

유방암(乳房癌). 매스컴에서 흔하게 등장하는 단어가 됐다. 발병율이 높아진 탓도 있고, 다른 암에 비해 5년 생존률이 높아 다른 암에 비해 덜 공포감을 주는 이유도 있을 것 같다.

전 세계적으로 여성암으로 보자면 1위, 한국에서는 여성암 2위를 차지하고 있는 유방암은 지난 1996년과 비교해 2012년에는 무려 5배 가량 환자수가 증가했다. 여성 25명 중 1명 40~50대가 주 환자층이지만, 최근 20~30대에서도 늘고 있는 유방암은 해마다 2만명의 환자가 새로 발생할 정도로 흔한 암이다.

물론 얼마 전 종영된 한 인기드라마의 남자주인공처럼, 남성에게도 유방암이 생길 수 있다. 남성 유방암은 여성에 비해 약 1% 이하의 빈도로, 한국은 0.4%의 남성에게서 침윤성 유관암 등이 발생할 수 있다.

한편, 2015년 국가 암 등록 통계에 따르면 유방암 발생자의 2010~2014년 5년 생존률은 97%로 암 정복에 가장 근사치에 와 있다.

◀ 5년 생존률이란?

암의 생존율을 이야기할 때 5년 생존율 또는 5년 무병 생존율을 많이 쓴다. 완치하고는 다른 개념이지만, 암을 치료하지 않고는 5년 생존이 어렵고, 5년 이후에 재발하는 경우는 적기 때문에 같은 개념으로 이해하는 것이 일반적이다.

⚲ 유방암은 왜 이렇게 많이 생길까?

원래 유방암은 여성 호르몬인 에스트로겐의 자극에 의해 발생한다는 것이 의학계의 공통된 의견이다. 그런데 최근에는 고지방 및 고칼로리의 식습관, 고령의 임신시기, 장기간의 피임약 복용 또한 유방암의 원인으로 복합적으로 작용하고 있다. 이러한 이유로 '선진국형 암'이라고 불리기도 한다. 여성의 사회활동이 증가하고 서구적 식생활에 익숙해진 현대 여성들에게서 늘고 있는 이유이기도 하다.

① 빨라진 초경, 늦어진 폐경

유방암은 우선 여성 호르몬의 영향을 받는다. 따라서 생리와 관계가 깊다. 생리를 한다는 것은 여성호르몬의 영향을 받고 있다는 의미다. 호르몬의 영향을 받는 기간이 길수록 유방암에 노출될 수 있는 기간이 늘어나는 것을 의미한다.

② 출산할수록 줄어드는 유방암

임신과 유방암의 상관관계도 결국 호르몬의 변화와 관련이 있다. 출산 경험이 없는 여성은 그렇지 않은 여성에 비해 유방암 발생 위험이 증가한다. 출산 직후에는 발생 위험이 다소 증가하고 출산 후 오랜 시간이 지나면 위험이 감소되는 경향을 보이며, 출산을 많이 할수록 유방암 발생 위험은 감소된다고 보고되고 있다. 하지만, 수유에 대해서는 아직 논란여지가 남아 있는 상태다.

③ 잘못된 식습관은 제 1의 원인

필자는 유방암 원인의 약 3분의 1인 식습관과 직접 관련이 있다고 확신한다. 과도한 영양과 지방 섭취는 유방암의 발병률을 높인다. 젓갈을 먹는 등 우리나라 고유의 음식 중에서도 발병에 관여하는 것이 많다. 동물성 지방이나 육류를 지나치게 많이 섭취하면 유방암 발병률이 높아지는데, 예방을 위해서 어떤 음식을 먹어야 하는지가 이번 출간의 가장 큰 목적이다.

④ 비만

유방암의 원인은 '여성'이라는 당연한 말도 있다. 복부 비만이 있는 여성은 정상적인 여성보다 유방암에 노출될 위험이 높다. 운동과 식이 조절을 통해 복부 지방을 줄여야 하는 것은 만병을 예방하는데 필수적이다.

⑤ 음주와 흡연

음주량이 과도하면 간의 에스트로겐 조절 능력이 떨어지기 때문에 습관적 음주는 유방암 발병률을 높인다. 담배는 언제나 백해무익하다.

⑥ 약물요인

여성호르몬은 골다공증을 예방하기도 하지만 유방암의 발병률을 높일 수 있

◖BRCA란

유방암의 원인 유전자 중 대표적으로 발견된 유전자가 바로 BRCA다. BRCA돌연변이는 전체 유방암 환자의 5~10% 정도에서 나타나는 것으로 알려져 있고, 일단 돌연변이가 있으면 유방암, 난소암 등이 발생할 확률이 매우 높다. 따라서, 이 유전자를 이용해서 유방암에 대한 유전자 검사를 시행할 수 있고, 아래 사항에 포함되는 경우 보험수가를 적용받아 BRCA검사를 할 수 있다.

1. 유방암 또는 난소암이 진단되고 환자의 가족 및 친척에서 1명 이상 유방암 또는 난소암이 있는 경우

2. 환자 본인에게 유방암, 난소암이 동시에 발병한 경우

3. 40세 이전에 진단된 유방암

4. 양측성 유방암

5. 유방암을 포함한 다장기암

6. 남성 유방암

7. 상피성 난소암

다. 폐경기 증상을 치료하기 위해 여성호르몬제를 투약할 경우 정기적인 검진이 요구된다.

⑦ 유전 요인

어머니나 자매 중에서 유방암에 걸린 사람이 있으면 유방암에 걸릴 확률이 약 2~3배 높아진다. 또 어머니와 자매 모두 유방암에 걸린 경우에는 유방암 가족력이 없는 사람에 비해 8~12배 정도 높아진다.

유방암의
종류

🎗 유방암의 구분

유방암은 위 그림에서 표시한 유관과 소엽에서 주로 발생하고, 유관과 소엽에서 발생한 암은 침윤 정도에 따라 나눌 수 있으므로 대표적인 유방암 종류는 크게 침윤성 유관암, 침윤성 소엽암, 비침윤성 유관암, 비침윤성 소엽암의 네 종류로 볼 수 있다. 이외는 파제트병과 기타 암으로 분류한다.

유방에 생기는 암을 통칭해, 유방암이라 부르지만 발생 부위에 따라 유관과 소엽 등의 실질 조직에서 생기는 암과 그외 간질 조직에서 생기는 암으로 구분할 수 있다. 거의 대부분의 유방암은 유방의 실질 조직인 유관과 소엽에서 발생한다. 특히 유관에서 발생한 암이 절대적으로 많다.

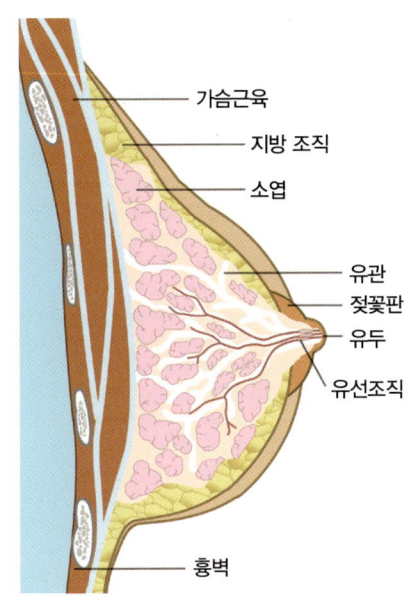

가슴근육
지방 조직
소엽
유관
젖꽃판
유두
유선조직
흉벽

〈그림〉 가슴(유방)의 구조

유관과 소엽에서 발생한 암은 다시 암세포의 침윤 정도에 따라 '비침윤성' 유방암과 '침윤성' 유방암으로 구분한다. 이 중 비침윤성 유방암이란 상피내암으로 유관이나 소엽에서 발생한 암이 그 자리에서 벗어나지 않은 상태의 암으로 초기 상태의 암이며 치료하면 결과가 매우 좋다.

하지만, 침윤성 유방암이란 유관과 소엽에서 발생한 암이 발생 구역을 벗어나 주변 유방 조직으로 침범한 경우로 비침윤성 유방암보다 병이 더 진행된 상태라 할 수 있다. 대부분의 유방암은 침윤성 암이다.

즉, 유방암은 유관과 소엽에서 주로 발생하고, 유관과 소엽에서 발생한 암은 침윤 정도에 따라 나눌 수 있으며 대표적인 유방암의 종류는 크게 침윤성 유관암, 침윤성 소엽암, 비침윤성 유관암, 비침윤성 소엽암으로 나눈다.

이 네 가지 암 외의 유방암으로 드물게 파제트병이 있으며, 나머지는 기타 암으로 구분한다. 또한 유관과 소엽에서 발생한 침윤성 유방암 외의 침윤성 유방암으로 점액성 악종, 수질성 악종, 유두상 악종, 관상 악종, 분비성 악종, 아포크린 악종, 화생성 악종, 선양낭성 악종 등이 있다.

🎗 발생부위별 유방암의 종류

① 침윤성 유관암

유방의 실질 조직 중 유관에서 생긴 암이 유관을 벗어나 주변 조직을 침범한 암으로, 전체 유방암의 75~85%를 차지하며 가장 대표적인 유방암이다.

② 침윤성 소엽암

유방의 실질 조직 중 소엽에서 발생한 암으로 주변 조직을 침윤한 경우로 전체 유방암의 약 5~10%를 차지한다. 치료 후 예후는 침윤성 유관암과 비슷하지만 다발성 및 양측성의 빈도가 침윤성 유관암보다 높다.

③ 유관 상피내암(비침윤성 유관암)

유방의 실질 조직인 유관에서 발생한 암으로 유관을 벗어나 주변 조직을 침윤하지 않은 비침윤성 유방암이다. 침윤성 유방암보다 예후가 매우 좋아 0기암이라고도 한다. 그러나 늦게 발견하면 침윤성 유관암으로 진행할 가능성이 있다.

④ 소엽 상피내암(비침윤성 소엽암)

유방의 실질 조직인 소엽에서 발생한 암으로 소엽 외의 주변 조직으로 침윤하지 않은 경우의 암이다. 유관 상피내암과 마찬가지로 0기암이라고도 불리지만 유관 상피내암에 비해 젊은 여성에게 발생하는 경우가 많고 다발성, 양측성이 높다. 또한 시간이 지나면 침윤성 유관암 및 침윤성 소엽암으로 암이 진행할 수 있다.

⑤ 파제트병

'파제트'라는 의사에 의해 보고되어 파제트병이라는 이름이 붙여졌다. 유두와 유륜의 피부에 주로 발생하는 특이한 형태의 유방암으로 보기 드문 암이다.

유방암의
진단

∶

🎗 유방암의 영상 검사

모든 암의 진단은 영상검사가 기본이다. 유방암을 진단하는데 있어서 유방촬영술과 유방초음파는 서로 보완적으로 흔히 쓰이며, 가장 정확한 진단은 유방자기공명영상, 즉 유방MRI로 할 수 있다.

① 유방촬영술

유방촬영술은 유방질환을 발견하고 진단하는 데 가장 간단하면서도 기본이 되는 검사다. X-ray를 이용하여 지방, 섬유 유선조직, 석회, 종괴 등의 서로 다른 조직에 흡수되는 X-ray양의 차이를 영상화하는 방법으로 상하, 좌우의 두 가지 종류의 사진을 찍게 되는데, 젊은 여성은 유방 조직이 치밀하기 때문에 유방 촬영술만으로는 안전한 진단을 하는데 무리가 있어 유방 초음파를 병행하는 것이 일반적이다.

② 유방초음파

유방 초음파 검사는 방사선 조사의 위험성이 없고 검사가 편해 일반적이다. 40세 미만의 젊은 여성, 임신 또는 수유 중인 여성에서 유방 검사가 필요한 경우 유방초음파가 일차적 검사가 될 수 있다.

③ 유방자기공명영상(유방MRI)

유방암의 진단뿐만 아니라 유방암 수술 전 범위, 병기 결정, 전이 여부를 확인할 수 있다. 또, 실리콘 등의 삽입을 통해 유방의 미용시술을 한 경우, 유방 초음파만으로는 정확한 영상이 얻어지지 않을 수 있을 때도 활용한다.

④ 양전자 방출 단층 촬영술(PET-CT)

방사선에 민감히 반응하는 포도당을 우리 몸에 주입한 후 얼마나 빨리 축적되는지를 감지하는 방법으로, 몸의 특정 지점에서 당이 빠르게 소모되면 그 부분을 암으로 의심되는 병변으로 확인할 수 있다. 조직 검사나 수술 전에 암 전이, 재발 여부를 확인 할 수 있다.

⑤ 유방감마스캔

작은 크기의 종양까지도 검사가 가능하므로 다른 영상에서 모호한 병변에 대한 보다 자세한 정보를 얻기 위해 시행하는 검사다.

⊛ 유방암의 조직 검사 방법

영상진단으로 병변이 확인되면 양성, 악성을 가리기 위해 세포나 조직검사를 시행하게 된다. 주사기나 침을 이용해 조직을 확보하는 방법은 여러 가지가 있다.

① 유방 미세 세침 흡인 검사
초음파로 위치를 파악한 후 주사기를 이용해 세포를 흡인해, 시행하는 검사로 대개 겨드랑이 주변 림프절의 암세포 존재여부를 판별하기 위해 시행한다. 비교적 간단한 확진을 할 수 있고, 시간을 절약 할 수 있는 장점에 비해 정확도가 높은 편. 유방종의 경우는 세침흡인으로 진단뿐만 아니라 주사기로 낭종을 다 흡인 하는 경우에는 치료도 가능하다. 그러나 많은 경험이 필요하다.

② 총 생검(Gun Biopsy)
유방의 병변이 악성의 가능성이 있을 때 초음파 유도 하에 국소 마취 후 제품화된 총 모양의 기계를 이용하여 조직을 채취하는 방법. 절개, 절제 생검보다 덜 침습적이면서 한번의 검사로 충분한 양의 조직을 얻을 수 있고 진단의 정확도가 높아 최근 많이 사용하는 조직검사 방법이다. 또한 미세 세침 흡인 검사로는 얻을 수 없는 조직을 얻기 때문에 보다 정확한 진단을 할 수 있다.

③ 맘모톰

초음파 유도 하에 유방에 부분 마취 후 3~5mm의 작은 절개창을 내어 맘모톰이라는 기계의 바늘을 삽입해, 바늘 내부의 홈으로 조직을 흡인하고 절단기가 조직을 떼어내어 종물이 제거되며, 이 종물로 조직검사를 시행하게 된다. 유방에 거의 흉터를 남기지 않고 국소마취로 제거와 조직검사를 할 수 있는 검사 방법이다.

④ 절개 생검

유방에 국소마취를 하고 절개창을 낸 후 병리학적 진단을 위해 병변의 일부를 떼어내는 수술로 조직검사를 시행하는 방법으로, 대개 입원하지 않고 외래에서 시행한다.

⑤ 절제 생검

종괴를 주위 조직과 함께 또는 병소만을 완전히 제거하는 방법이다. 종양의 크기가 작은 경우 국소마취로 가능하여 종양이 유방 심부에 있거나 국소마취제에 부작용이 있는 경우, 또 시술이 한 시간 이상 경과할 경우에는 전신마취를 이용한다. 부분 마취할 경우 입원하지 않고 외래에서 시행하며, 전신마취의 경우, 입원이 필요할 수 있다.

유방
자가 진단

🎗 유방 자가 검진이란?

　자신의 유방을 스스로 만져 보아 이상이 생겼는지 확인하는 검사다. 유방암 환자의 80% 이상이 자가 진단을 통해 암을 발견 할 수 있다. 앞서 밝혔듯이 유방암은 비교적 예후가 좋은 암으로 조기에 발견하면 유방을 보존할 수 있으며 완치도 가능하다.

　그러나 유방암도 다른 암과 마찬가지로 초기에는 특징적인 소견들이 나타나지 않아 알기 어렵기 때문에 정기적인 진찰 및 검사와 유방 자가 검진이 중요하며 어떤 증상이나 이상이 있을 때에는 병원을 방문하여 진료를 받아야 한다.

　유방 자가 검진에는 시기가 있다. 생리를 하는 경우는 생리가 끝난 직후부터

3~5일 사이, 임신, 폐경 등으로 생리가 없는 경우는 매월 일정한 날짜를 정하면 된다.

🏃 유방 자가 검진 시 이상 징후

자가 검진 후 다음과 같은 증상이 있으면 반드시 병원을 찾아야 한다.

• 통증이 없는 덩어리가 만져진다.

• 림프절이 커졌다.

• 유방의 크기나 모양이 변화가 있다.

  (ex : 한쪽 유방의 크기가 평소보다 커지거나 늘어짐)

• 피부가 귤껍질같이 변해 있다.

• 유방이 붓거나 붉어지거나 열이 난다.

• 유두나 유두 외의 유방 부위가 부분적으로 안으로 말려 들어갔다.

• 유두에서 진물이나 핏빛의 분비물이 나온다.

• 유두가 가렵거나 통증이 있다.

• 평소와 달리 위쪽 팔이 부어 있다.

유방 자가 검진 방법

처음 검진하는 경우, 한 달 동안 매일 검진하여 자신의 유방 특성을 파악하면 본래 모습과 비교하기가 보다 쉽다. 유방암은 유방과 겨드랑이 사이, 유두 부분에서 생기는 경우가 많으므로, 이 두 부분을 중심으로 꼼꼼히 살펴보는 것이 효과적이다.

1단계 **눈으로 관찰한다**

상체가 모두 보이는 거울 앞에 서서 양쪽 유방의 전체적인 모양이나 윤곽의 변화, 대칭성, 피부 상태 등을 관찰한다.

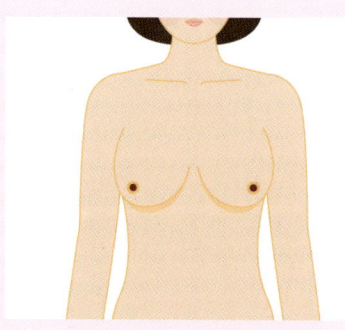

1 양팔을 편하게 내려놓은 자세

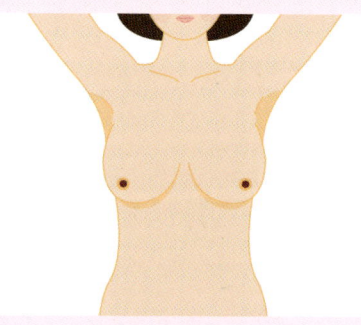

2 양손 머리 뒤쪽으로 올려 깍지 긴 후, 팔에 힘을 주고 가슴을 앞으로 내민 자세

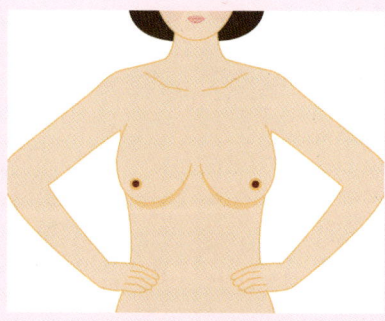

3 양손은 허리를 짚고 팔과 어깨를 앞으로 내민 자세

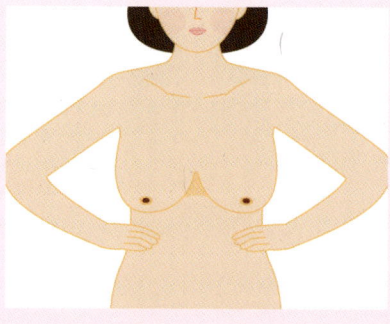

4 몸을 앞쪽으로 숙여 유방을 늘어뜨린 자세

서거나 앉아서 손으로 만져본다

로션 등을 이용하거나, 샤워할 때 비누거품을 묻힌 손으로 하면 보다 쉽다.

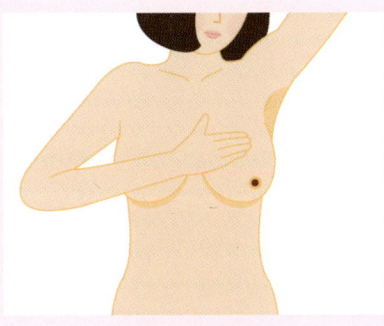 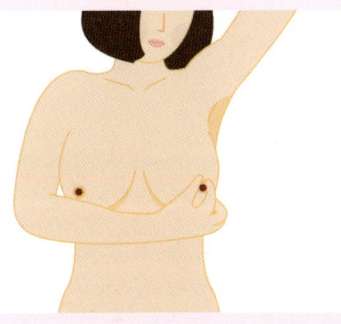

1 검진하는 유방 쪽 팔을 머리 위로 들어 올린 자세로 촉진

2 엄지와 검지로 유두를 상하, 좌우로 짜본다. 농빛이나 핏빛의 분비물이 안 나오는지 확인하고 반대쪽 유방도 같은 방법으로 시행한다.

 2, 3, 4번 손가락의 첫 마디 바닥면을 이용해 촉진

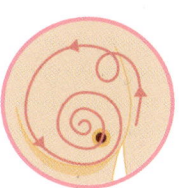 겨드랑이 밑과 쇄골 아래에서부터 시작하여 유방 전체를 바깥쪽에서 안쪽으로 500원짜리 동전 크기의 원을 겹쳐가며 그리듯이 검진

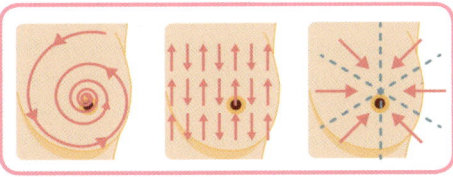 세 가지 방향으로 촉진하여 빠지는 부분이 없도록 한다.

3단계 누워서 손으로 만져 본다

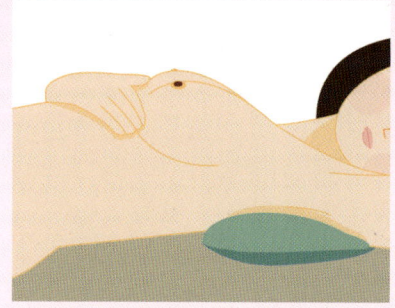

1 검진하려는 유방 쪽 어깨 밑에 베개나 접은 수건을 받치고 누워서, 검진하려는 쪽 팔을 올리고 반대편 손가락으로 2단계의 방법과 동일하게 검진한다.

자료협조_ 이대여성암병원

여성으로서의
상실감을 잊게 하는 치료

유방암이 의심되는 병변을 발견하면 병원에서는 조직 검사를 통해 악성 여부를 확인한다. 확진 후에는 암의 크기나 림프절 전이 여부 등에 따라 다양한 방법으로 치료한다.

🎗 악성 여부 판단이 우선

전신 전이가 없다면 수술 치료를 시행한다. 수술 방법은 크게 유방 전체를 제거하는 유방전절제술과 유방 내 원발암 부위만을 제거하는 유방보존술로 나뉜다.

유방전절제술은 가장 고전적인 유방암 수술법이다. 유방 전체 조직과 유두, 피부 전체를 절제하며, 잔존 미세암을 한꺼번에 제거해 조기 유방암의 경우 방사선 치료를 피할 수 있다는 장점이 있다. 최근에는 유두와 유륜을 보존하면서 피하 유방만 절제하는 수술도 선택적으로 시행되고 있다. 이때는 보다 좋은 미용적 효과를 기대할 수 있다는 장점이 있다.

✈ 수술 치료는 안전할까?

유방보존술은 종양 제거에만 초점을 맞추던 관점에서 벗어나 여성들의 삶의 질을 고려해 도입된 방법이다. 최근에는 절개 부위 및 절개 방법에 성형외과적 개념이 도입되고 있다. 그 외에도 내시경을 이용한 유방 수술과 자가조직재건술, 단순 보형물, 유방모양의 백(bag)을 이용한 유방재건술 등도 활발히 이루어지고 있다.

여성에게 유방암 수술은 단순히 암 치료를 위한 수술에 그치지 않는다. 유방은 여성의 자존심이라 해도 과언이 아니다. 유방을 전부 혹은 일부 절제하는 것은 여성의 자존심에 상처를 입힐 수 있다는 이야기다. 수술 후 삶의 질에 큰 영향을 미치는 것은 물론이다.

특히 최근 10여 년 동안 35세 미만의 젊은 여성 유방암 환자는 4배 가량 증가해 젊은층 유방암 환자는 심각한 문제로 제기되고 있다.

환자들이 유방암 진단을 받은 후 가장 처음 접하는 것은 유방을 잃게 될 수도 있다는 '공포감'이다. 그러나 전문가들은 유방암 수술이 최근 급속도로 발전하고 있는 만큼 이 같은 공포감에 시달릴 필요가 없다.

🎗 최소침습적 겨드랑이 림프절 절제술(감시 림프절 생검술)

겨드랑이 림프절은 유방암 세포가 전이할 때 맨 먼저 자리를 옮기는 곳이다. 따라서 전이와 재발을 막기 위해 많은 유방암 환자들은 겨드랑이 림프절 절제술을 고려해야 한다.

전통적인 유방절제술의 경우 겨드랑이의 모든 림프절 절제를 원칙으로 했으나 이로 인해 림프부종, 만성 통증 등의 합병증이 발생해 환자들은 큰 부담을 겪었다.

이로 인해 최근에는 '감시림프절' 절제술이 많이 시도되고 있다. 유방암에서 전이될 수 있는 림프절 중 제일 먼저 전이가 되는 감시림프절을 먼저 정밀하게 검사한 후 전이가 되지 않은 경우, 나머지 림프절에도 전이가 되지 않은 것으로 인정해 겨드랑이 림프절 절제술을 하지 않는 방법이다.

불필요한 림프절제로 인한 흉터, 림프부종, 통증 등의 합병증을 최소화할 수 있는 방법으로, 유방암 환자 중에서도 매우 초기인 경우에만 적용되고 있다. 앞으로 보다 많은 조기 유방암 환자가 혜택을 받기 위해서는 연구가 더 필요하다고 전문가들은 설명한다.

🎗 피부보존 유방절제술과 유방재건술

유방보존술이 많이 시행되고 있지만 이미 유방암이 상당히 진행된 경우에는 유방절제술이 불가피하다.

그러나 유방절제술을 시행하더라도 가슴의 아름다움을 최대한 유지하려는 노력들이 계속되고 있다. 유방전절제술을 하면 가슴에 15~20cm 가량의 큰 흉터가 남게 되는데 이 때 환자는 신체 변형으로 인한 미용적 손상은 물론이고 정신적 고통까지 겪기 때문이다.

최근에는 8~10cm의 피부절개를 통한 피부보존 유방절제술이 많이 사용되고 있다. 피부보존 유방절제술은 유두와 유륜을 포함한 최소의 피부흉터만 남기고 90% 이상의 유방피부를 보존하면서 유방전절제를 시행하는 방법이다.

그러나 작은 상처를 통해 유방을 절제해야 하기 때문에 기술적으로 어렵고, 지방괴사(18~20%)나 피부피판괴사(11%)와 같은 합병증이 발생할 수 있다.

유방전절제술을 시행한 후 환자의 의지에 따라 유방재건술을 함께 시행하는 방법도 있다. 유방재건에는 환자의 등 근육이나 복부근육, 또는 인공보형물 등 다양한 방법이 이용된다. 그러나 이방법은 동결절편 검사가 꼭 필요하며 의사의 많은 경험이 필요하다.

🎗 유방성형술로 미용적 만족도↑

유방보존술은 유방을 부분적으로 절제하는 방식으로 유방전절제술에 비해 유방의 변형을 최소화한다는 장점이 있다. 그러나 유방보존을 하더라도 절제범위가 넓어서 유방모양의 변형이 심하면 환자의 미용적 만족도가 감소할 수 있다.

유방암의 성형적 수술은 비교적 최근에 도입된 개념으로, 만족할 만한 미용적 효과를 얻기 위해 종양제거술 직후 성형술을 시행하는 방법을 말한다. 종양학적 안전성과 미적인 효과도 함께 보장받을 수 있는 종양 성형술이 대표적이다.

지난 1998년부터 사용돼온 방법으로, 종양 성형술의 정의는 아직 명확히 확립되지 않았다. 종괴절제술이나 유방 4분획절제술 등의 부분 유방절제술과 동시에 유방 변형을 예방하기 위한 즉시 재건술 등을 시행하는 것으로 통용되고 있다.

🎗 선행화학요법으로 유방 보존 기회 얻을 수도

유방암의 크기가 커서 유방절제 범위가 확대될 수 있거나 유방암의 병기가 많이 진행돼 곧바로 수술적 치료를 시작하기 어려운 경우 선행화학요법을 고려해 볼 수 있다.

선행화학요법을 받으면 유방암을 수술적 치료가 가능한 상태로 전환시킬 수 있으며, 병변이 커서 유방보존이 어려웠던 환자에게 유방보존의 기회를 제공할 수 있다.

음식이 암에 영향을 끼친다고 생각을 하지만,
주요 원인이라고 생각하는 사람들은 드물다.
실제로 유방암 환자의 35%는 잘못된 식습관으로 인해 발생한다.

02

식습관이 가슴을 울린다

음식과 유방암의
상관관계

●
●

🎗 유방암 환자들을 위한 식재료 구분

암의 원인 중에 가장 중요한 요인은 흡연(30%)보다 잘못된 식습관(35%)이다. 즉 암에 걸리면 서양의학에서는 수술, 방사선요법, 화학요법, 약물면역요법, 호르몬요법, 그리고 최근에는 표적치료법(Target Therapy)이 효과면에서 많은 발전을 한 것이 사실이지만 한국전통의학의 목적처럼 암을 생기게 한 원인을 피하고, 전체적인 몸의 자생력을 돕는 방법을 통합하여 암환자를 치료한다면 더욱 바람직할 것이다.

예로 암환자의 심한 통증을 진통제나 마약종류로만 치료가 꼭 가능할까? 나는 미국 보스톤의 하바드의대의 다나파버암센터에서는 통증이 심한 암환자를 일부러 침을 맞도록 한방클리닉에 보내고, 식습관도 자연식으로 유도하는 것을 직접 목격했다. 이것이 서양의학과 소위 동양의학이 소통(communication, connection)하며, 접목(fusion)시켜 암환자를 치료하는 것의 좋은 예이다.

나는 암을 직접 떼어내는 외과의사지만 일본 동경의 국립암센터에서 음식에 관한 연구를 1년 정도 하면서 항상 전인치료(holistic treatment)에 관심이 있었다. 이로 인해 한국에서의 암 치료방법으로 큰 장점이 될 수 있다고 생각하며, 서양의학을 기본으로 하고 환자들로 하여금 섭생과 긍정의 마인드를 갖게 하며 환자를 치료하고 있다고 자부하고 있다.

이제부터 소개할 식재료들은 유방암 환자들의 회복과 재발방지를 도울 뿐만 아니라, 유방암에 언제 노출될지 모르는 여성들의 훌륭한 예방법으로 재탄생해 이 책에서 소개될 것이다.

곁들일 음식
(간식 및 음료)

당신의 음식은 당신의 보약이다
(your food is your complementary medicine)

🎗 음료

    우유는 저지방과 고지방 우유 중 저지방우유가 좋다. 유가공 식품의 경우 집에서 만든 것 또는 상품화된 것도 상관이 없다. 다만 녹즙의 경우 청결한 재료이어야 하며, 알콜은 섭취하지 않는 것이 좋지만, 하루 와인 1잔 정도는 괜찮다.

- 우유
- 커피(하루 3잔 이내)
- 녹즙(파이토케미칼과 천연비타민류포함)
- 알코올(가능한 제한_아주 가벼운 칵테일 정도 소개)

- 저지방 우유
- 유가공 식품

⚗ 과일

과일은 소화장애와 큰 상관이 없다. 다만, 우리나라 토종딸기도 좋지만, 다른 베리류는 갈색이나 검정색 때문에 항산화제인 안토시아닌 성분이 더 많이 들어 있어 더 좋다. 냉동과일도 괜찮지만, 비타민류가 다소 빠져나가고, 맛이 없다는 단점이 있다.

- 자두
- 자몽
- 포도/건포도
- 오렌지
- 석류
- 베리류(블랙베리, 라즈베리, 블루베리, 로즈베리)

✖ 꼭 챙겨야할 다른 것들

비타민은 13가지가 있고 그중 지용성 비타민은 A, D, E, F, K 5가지이며 수용성비타민이 8가지로 총 13가지가 있다. 물론 비공식적으로 살구씨속의 B-17도 있다.

비타민의 섭취는 식품에서 천연비타민으로 식물성 섬유질과 동시에 섭취하면 이상적이지만, 충분한 양을 섭취하기 위해서는 적어도 야채과일을 하루 5접시 먹어야 하는데 현실적으로 불가능하므로 상품화된 종합비타민을 먹어도 된다.

미네랄의 경우 특별히 피할 것은 없고 비타민 보관용기는 햇빛을 차단할 수 있는 용기여야 변하지 않는다. 특정국가 제품이라는 것은 중요하지 않고 제조공정이 위생적이고 과학적 이어야한다.

• 멀티비타민

🎗 육류

붉은색 고기 속의 철분은 폐경 이후에는 몸에 해로울 수 있다. 하지만, 생선에는 DHA, EHA등의 불포화 지방산이나 W-3등이 많아 우리 몸속의 노폐물을 제거해준다. 고기의 비계는 몸에 지방을 많게 해 여성호르몬(E2)을 많이 생성하게 하므로, 유방암에는 매우 나쁘게 작용한다. 한편, 장어는 불포화 지방산이 많고 비타민-E 성분이 많아 유방암 치료에 도움을 준다.

- white meat (ex: 닭가슴살)
- 연어
- 장어
- 등푸른 생선(고등어, 꽁치)
- 가공육은 피하는 것이 최선

🎗 밥류

현미와 흰쌀과의 비율을 2~3 : 7~8이면 맛도 좋고 영양적으로도 좋다. 흑미나 현미의 특성성분도 섭취할 수 있어 일석이조다. 현미나 흑미의 경우 천천히 꼭꼭 10~15번씩 씹어 먹어야 소화흡수가 잘 된다

- 현미
- 흑미

🎗 채소

익힌 채소보다는 생채소가 당연히 좋다. 하지만, 세균이 묻어 있는지 확인하는 차원에서 깨끗이 세척해야 한다. 식감이나 소화를 돕기 위해서는 약간 데쳐서 들기름이나 아마씨 가루를 뿌려먹어도 좋다.

토마토(채소류에 속함)는 지용성 비타민을 가지고 있으므로, 올리브유를 발라서 데쳐먹으면 생 토마토보다 비타민 E가 흡수가 잘된다. 한편, 버섯류는 말려먹어야 비타민도 많아지는데, 버섯에는 베타글루칸 성분이 많아 암환자의 면역 증강 효과가 뛰어나다.

- 브로콜리
- 가지

- 아스파라거스
- 시금치
- 당근
- 고구마
- 버섯류

🎗 콩류

여러 종류의 콩의 거의 다 영양성분이 동일하지만, 콩의 보관을 잘못하면 곰팡이(메주곰팡이와 다름)에서 아프라톡신이 나와 간암의 원인이 될 수 있다.

- 두부
- 콩나물
- 숙주콩
- 렌틸콩과 대두

⚡ 기타

　사골국은 칼슘성분 때문에, 골다공증 예방도 되고 영양 공급도 되며 특히 마늘이나 가는 파를 많이 썰어 넣고 먹으면 비타민 섭취효과도 기대할 수 있다. 다만, 기름은 제거하고 먹는 것이 좋다. 또한, 해조류는 매우 건강유지에 도움이 된다.

- 달걀
- 고려인삼
- 울금
- 호밀빵
- 사골국
- 해조류

최근 '단짠단짠'이라는 말이 매스컴에 자주 등장하는데,
소금과 설탕을 듬뿍 쓴 음식은 맛이 있을 수밖에 없다는 얘기다.
흔히 맛이 있으면 몸에 해로울 것이라는 생각을 하게 된다.
그래서 '건강식=맛은 없다'라는 공식이 성립하게 되지만,
이 책에서는 유방암 예방에 도움이 되는 건강한 식재료로 '맛있는' 요리도
가능하다는 것을 보여주기 위해 두 명의 일류셰프가 함께 한다.

03

유 방 암
예방을 위한
레 시 피

🍴 맛있는 식사에 앞서...

레시피를 보기 전에 몇 가지 참고사항이 있다.

첫째, 레시피는 식재료별로 구성했다. 보통 조리법으로 구분하기도 하지만, 이 책은 유방암에 도움이 되는 식재료와 평소 먹는 식재료의 조합으로 간단하게 만들어 먹을 수 있는 요리를 안내하는데 중점을 뒀다. 다만, 김치와 장아찌 그리고 후식류는 별도로 안내한다.

둘째, 계량법을 눈 여겨 보자. 보통 여성들이 자신만의 '간'을 고집하는 경우가 있는데, 이 책에 나온 레시피의 계량법을 따라해보기를 권장한다. 유방암은 물론 각종 만성질환의 예방에도 도움이 될 것이다.

셋째, 즐거운 마음으로 만들기를 간곡히 부탁한다. '오늘이 당신에게 가장 젊은 날'이다. 간단한 요리지만, 특별한 이벤트라 생각하고 가족들과 맛있게 먹는 상상을 하며 즐기길 바란다.

77가지 요리 주재료 열량(kcal)

무게 : 100g 기준

재료별	주재료	열량(kcal)	재료별	주재료	열량(kcal)
김치와 장아찌류 (54~65페이지)	브로콜리	28	버섯류 (146~161페이지)	표고버섯	38
	양배추	43		양송이버섯	24
	무	13		느타리버섯	25
	배추	21		만가닥버섯	38
	토마토	14		새송이버섯	24
	깻잎	29		능이버섯	44
	봄동	21		냉이	31
현미와 흑미 (66~77페이지)	현미	354	두부 (162~173페이지)	순두부	47
	강황	354		연두부	41
	청국장	180	콩나물과 숙주 (174~187페이지)	콩나물	30
	고구마	28		달래	27
	흑미	360		초록콩나물	30
	아마씨	534		숙주	11
오리와 닭 (78~91페이지)	영계	173	콩류 (188~201페이지)	서리태	405
	닭가슴살	109		검은콩	405
	오리고기	134		풋콩	24
	닭다리살	120		흑임자	565
생선류 (92~107페이지)	장어	110	해조류 (202~213페이지)	생굴	97
	새우	93		톳	24
	연어	161		미역	11.3
	고등어	183		김	19
	꽁치	262		해파리	6
	우럭	103	사골국과 항암육수 (214~221페이지)	마늘	120
채소류 (108~145페이지)	당근	34		사골	246
	양파	35		다시마	19
	노란콩	391	디저트류 (222~231페이지)	마	135
	시금치	30		감자	66
	가지	16		블루베리	56
	아스파라거스	12			
	두부	84			
	부추	31			
	단호박	66			
	두릅	21			
	더덕	55			
	오렌지	40			

장아찌도
잘 먹으면 보약

김치와 장아찌는 대표적으로 소금이 많이 들어가는 음식이다. 젓

갈류와 함께 많이 먹으면 고혈압과 당뇨 등 대사성 질환에 노출되

기 쉽고, 살도 쉽게 찐다. 하지만, 건강하게 먹는다면 얘기가 틀리

다. 없던 입맛을 돋우고 소화를 촉진시킬 수 있기 때문이다.

정재덕 셰프

브로콜리 미니양배추 피클

아삭함과 새콤함으로 내 건강과 입맛을 챙길 수 있는
브로콜리 미니양배추 피클

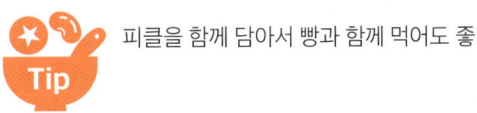

피클을 함께 담아서 빵과 함께 먹어도 좋다.

◖**Make to**   소요 시간 ◆ 15~20분

1 브로콜리와 미니양배추는 깨끗하게 씻는다. 분량
의 재료를 섞어 소스를 만든다.

2 씻은 미니양배추는 절반 자른다.

3 씻은 브로콜리는 마디마디 먹기 좋게 자른다.

4 소스와 피클링 스파이스 1/3큰술을 넣고 끓인 후
미니양배추와 브로콜리에 붓고 2~3일 숙성시킨다.

석류 김치

무 사이사이에 소를 넣고 석류모양으로 벌어지게 만들어
모양도 맛도 일품인 김치

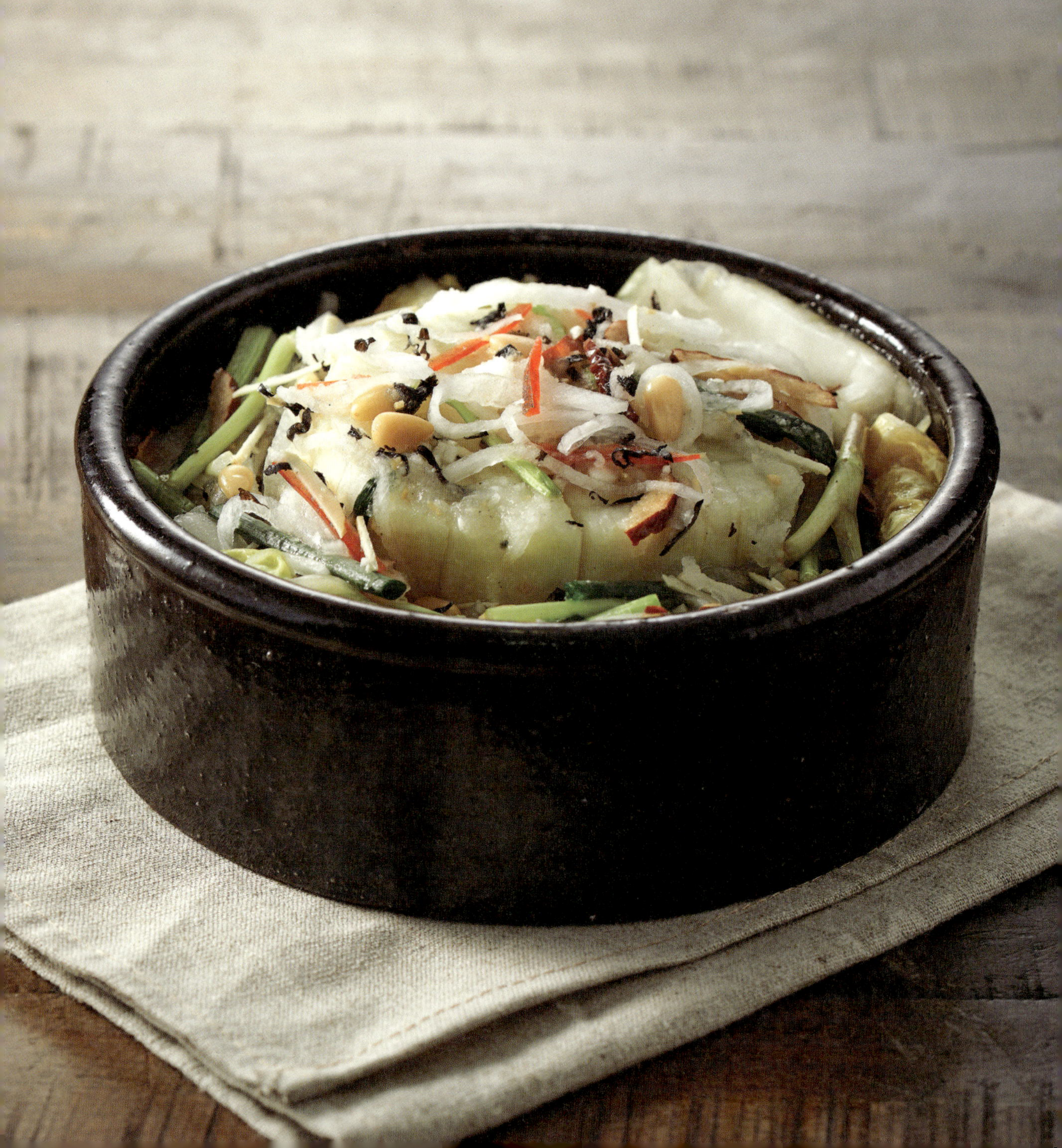

◖ Ready
◆ 4~5인분

무 3개(3㎏), 배춧잎 15장(400g), 굵은소금 1컵, 미나리 30g, 실파 30g, 밤 10개, 대추 5개, 마늘 2톨, 생강 1/2톨, 석이버섯 5장(5g), 청·홍고추 1/2개씩, 실고추 10g, 잣 15g, 깻가루 약간, 고운소금 · 설탕 적당량

김치국물 물 5컵, 고운소금 3큰술

Tip 김치를 담아서 1~2일 동안 실온에서 숙성시키고 냉장보관 한다.

◖ Make to
소요 시간 ◆ 40분

1 미나리와 실파는 4cm로 썰고 잣과 깻가루, 다진마늘, 석이버섯은 손질하여 준비하고 청·홍고추는 편으로 썰고 대추와 밤은 채 썰어준다. 무는 깨끗이 씻어 4㎝ 길이로 토막 내어 밑 부분을 1㎝ 정도 남기고 가로, 세로 1㎝ 간격으로 칼집을 넣는다.

2 배춧잎은 깨끗이 씻어서 칼집을 넣은 무와 함께 굵은소금물에 절이고 무 1개는 3㎝ 길이로 곱게 채 썰어 놓는다.

3 실고추는 3㎝ 길이로 잘라 놓는다. 그릇에 무 채 썬 것과 준비한 재료를 함께 넣고 버무리고 고운소금과 설탕으로 간을 맞추어 소를 만든다.

4 배춧잎과 무는 물기를 뺀 후 만들어 놓은 소를 무의 칼집 사이사이에 채워 넣고, 배춧잎으로 싸서 항아리에 차곡차곡 담는다.

5 김치국물을 만들어서 항아리에 붓고 숙성시켜준다.

토마토 장아찌

비타민과 식이섬유가 풍부해 최고의 건강 식품인 토마토를
식사와 함께 즐길 수 있는 특별한 요리

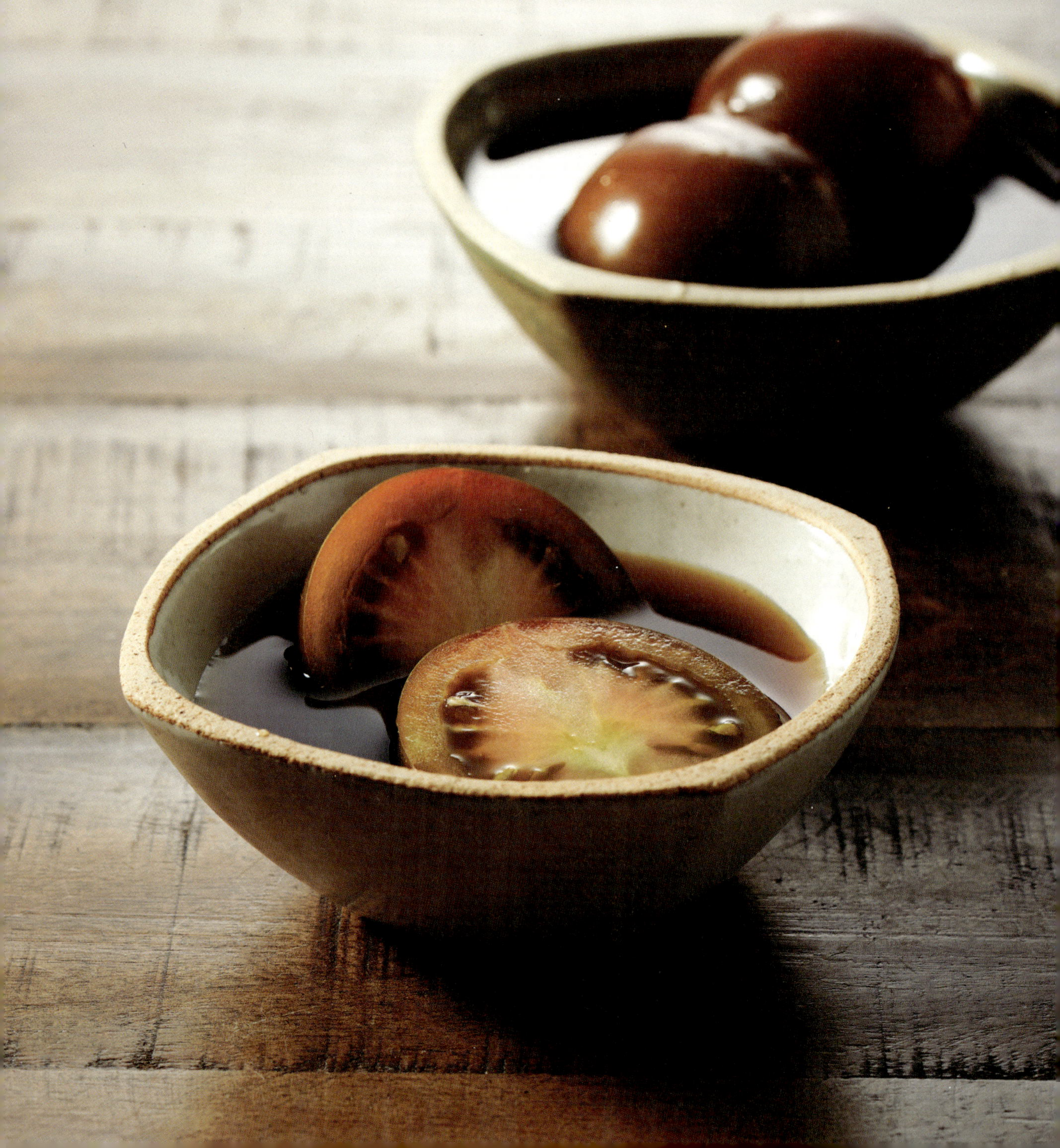

Tip 장아찌는 뜨거울 때 부으면 더욱 식감을 살릴
수 있으며, 다른 채소를 함께 넣고 장아찌를 담
가도 좋다.

◖ **Make to**   소요 시간 ◆ 25분

1 분량의 간장, 설탕, 미림, 정종을 넣고 끓이다가
식초를 넣어 장아찌소스를 만들어서 준비한다.

2 토마토는 이물질을 제거하고 깨끗하게 씻는다.

3 깨끗이 씻은 토마토에 물을 잠길 정도로 붓고 식
초 1큰술을 넣어 5분간 담갔다가 깨끗한 물에 씻
어준다.

4 깨끗하게 손질한 토마토를 6등분하여 장아찌소
스를 뜨거울 때 붓고 2~3일 간 숙성시킨다.

양배추 깻잎 김치

정재덕 셰프

암 세포를 없애는 효과를 지닌 대표 건강식품 양배추.
사시사철 맛있게 즐기기 위해 김치로 변신

◖Ready　　　　　　　　　　　　◆2~3인분

양배추 1/2통, 깻잎 30장, 물 3컵, 소금 1/2컵
소스(드레싱) 설탕 10큰술, 식초 2/3컵, 소금 1과 1/2큰술,
물 3컵, 생강 3쪽

Tip

양배추 김치 소스로 다른 채소의 피클김치를
담글 수 있다.

◖Make to　　　　　　　　　　　　　　　　　소요 시간 ◆15~20분

1 양배추는 한 장씩 떼어서 깻잎과 함께 준비하고
소금 1/2컵, 물 3컵을 붓고 양배추와 깻잎을 한번
절여준다.

2 절인 양배추와 깻잎은 물에 헹궈서 켜켜이 올려
준다.

3 분량의 재료를 넣어 소스를 만든 후 부어준다.

4 완성된 김치는 2~3일 숙성하여 먹기 좋게 자른
후 그릇에 담아낸다.

정재덕 셰프

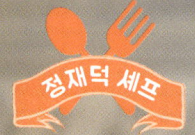

봄동 장아찌

없는 입맛도 돋우는 봄동 장아찌에
고기 한점 얹어 즐기는 영양만점 별미

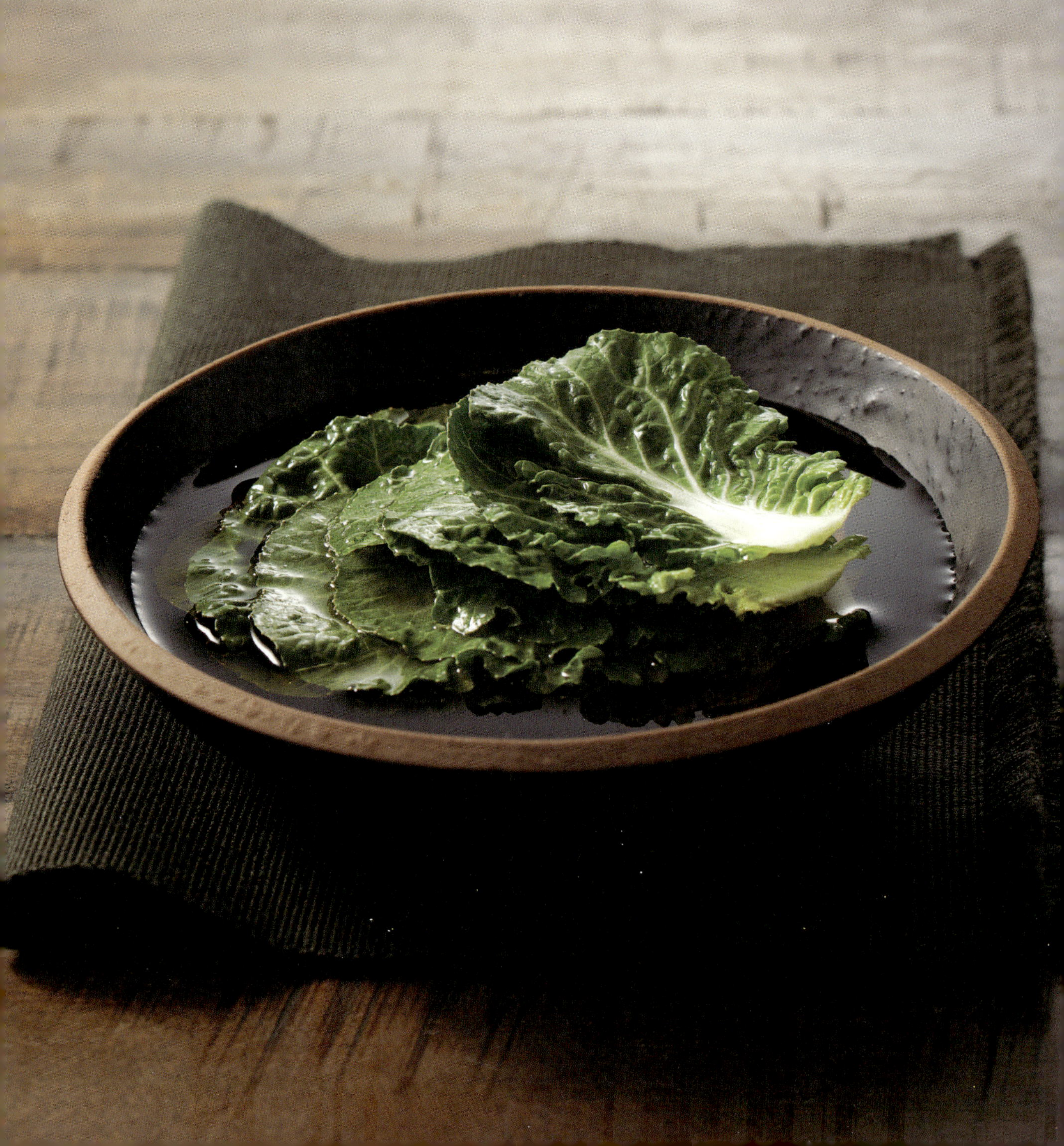

◖ **Ready**　　　　　　　　　　　　　◆2~3인분

봄동 3개

소스(드레싱) 간장 1과 1/2컵, 물 1컵, 설탕 1/2컵, 식초 1컵

봄동이 없다면, 양파나 고추를 이용해 장아찌를 담글 수 있다.

◖ **Make to**　　　　　　　　　　　　　　　　소요 시간 ◆ 15~20분

1 봄동을 한 잎 한 잎 깨끗하게 세척하여 통에 담아 놓는다.

2 분량의 간장, 물, 설탕을 냄비에 붓고 한번 끓인다. 여기에 식초 1컵을 넣고 봄동에 부어준다.

현미와 흑미

색깔 있는 쌀은
건강하다

현미는 가수 이름으로 유명하지만, 지금은 건강에 도움되는 쌀의

종류로 더 유명하다. 도정된 흰 쌀보다 영양가가 높지만, 식감이

좋지 않은 단점이 있다. 꼭꼭 씹어 먹는 것이 답이다.

정재덕 셰프

강황 영양밥

강황에 들어있는 커큐민은 항암, 항산화 작용 등
다양한 건강 증진 효과가 있다

◖ **Ready**   ◆ 1~2인분

쌀 2/3컵, 현미 1/3컵, 물 1과 1/3컵, 강황가루 1/4큰술, 마씨 10개,
대추 2개, 밤 3개, 은행 4개

Tip   강황은 한번에 많은 양을 섭취하기 보다 꾸준히 적당량을 섭취하는게 좋다.

◖ **Make to**   소요 시간 ◆ 25~30분

1 분량의 쌀, 현미, 물, 강황가루를 준비하고, 마씨, 대추, 밤은 깨끗하게 씻고, 은행은 프라이팬에 볶고 키친타올에 비벼서 껍질을 제거한다.

2 2시간 불린 현미와 멥쌀을 냄비에 부어준다.

3 쌀이 들어있는 냄비에 물 1과 1/3컵을 부어준다.

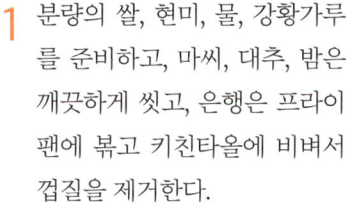

4 마씨 10개, 대추 2개, 밤 3개, 은행 4개를 넣어준다.

5 4에 강황가루 1/4큰술을 넣고 밥을 지어준다. 센 불에서 5분 약 불에서 10여분간 끓여준다.

통현미 버섯 비빔밥

건강함의 대명사인 현미와 손쉽게 구할 수 있는
버섯들만으로 간단하고, 맛있게 즐길 수 있는 비빔밥

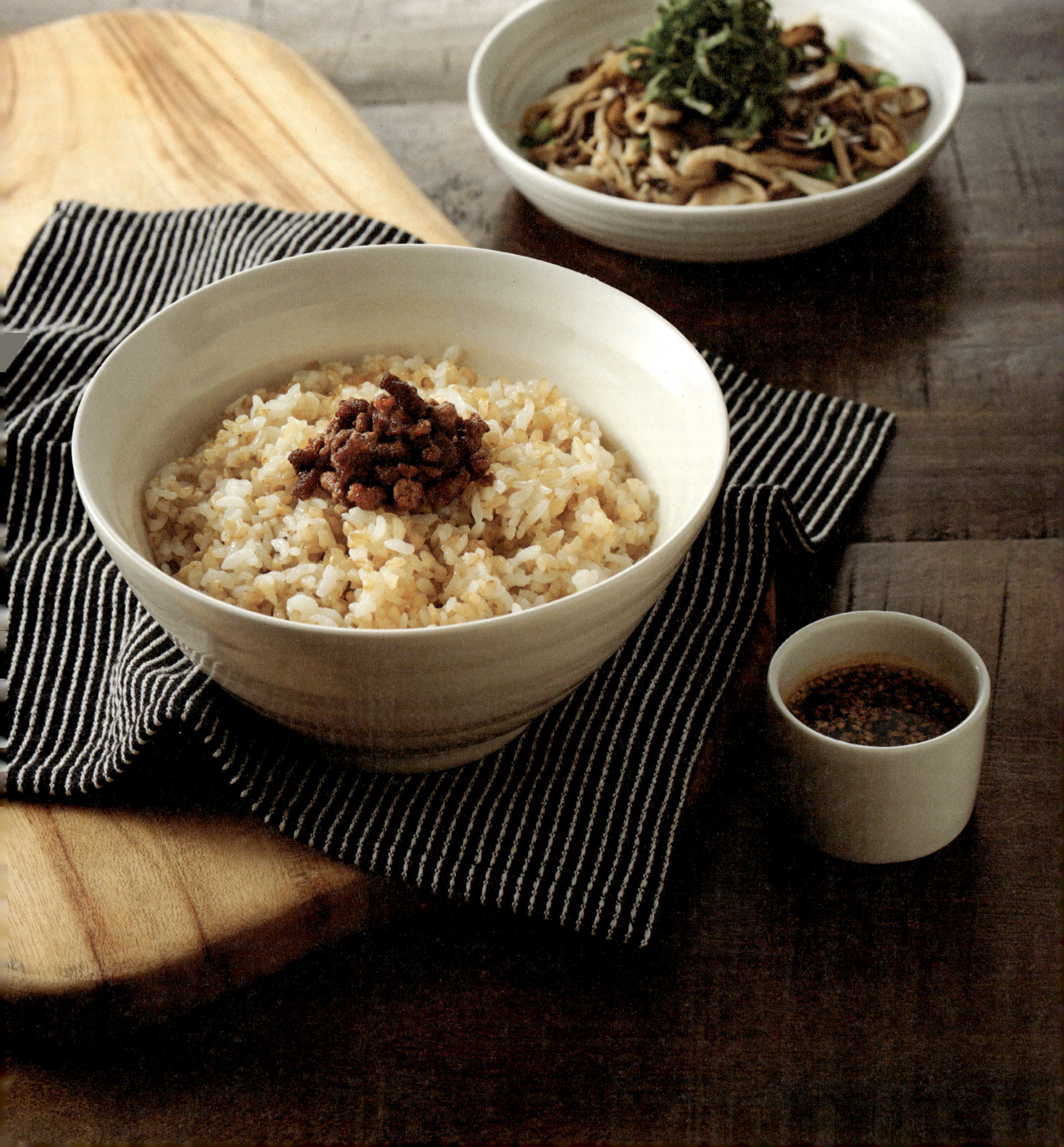

Tip

대부분의 버섯은 손질 시 겉에 묻은 먼지를 털
어내거나 마른 행주로 닦아낸다. 이물이 많
이 묻은 경우에는 조리하기 직전에 씻어서 바
로 사용하거나 물기를 제거한 후 사용하면 된
다.버섯은 씻으면 풍미가 떨어지므로 가급적
씻지 않고 사용한다. 팽이버섯은 너무 오래 익
히지 않는 것이 좋다.

◖ **Make to**   소요 시간 ◆ 15분

1 실파는 송송 썰어서 준비하고, 느타리버섯은 가
늘게 찢고, 표고버섯과 깻잎은 얇게 채 썬다.

2 분량의 재료를 모두 넣고 골고루 섞어서 비빔양
념장을 만든다.

3 팬에 포도씨유를 약간 두르고 우민찌를 넣고 핏
기가 없도록 볶아준다.

4 팬에 포도씨유를 약간 두르고 느타리버섯, 표고
버섯을 먼저 볶다가 팽이버섯을 넣어 살짝 같이
볶아준다. 현미밥에 준비한 재료들을 곁들여 완
성한다.

고구마밥

밥맛을 꿀맛으로 만들어주는 달달한 고구마 덕분에
반찬 없이도 즐길 수 있는 영양가득한 맛밥

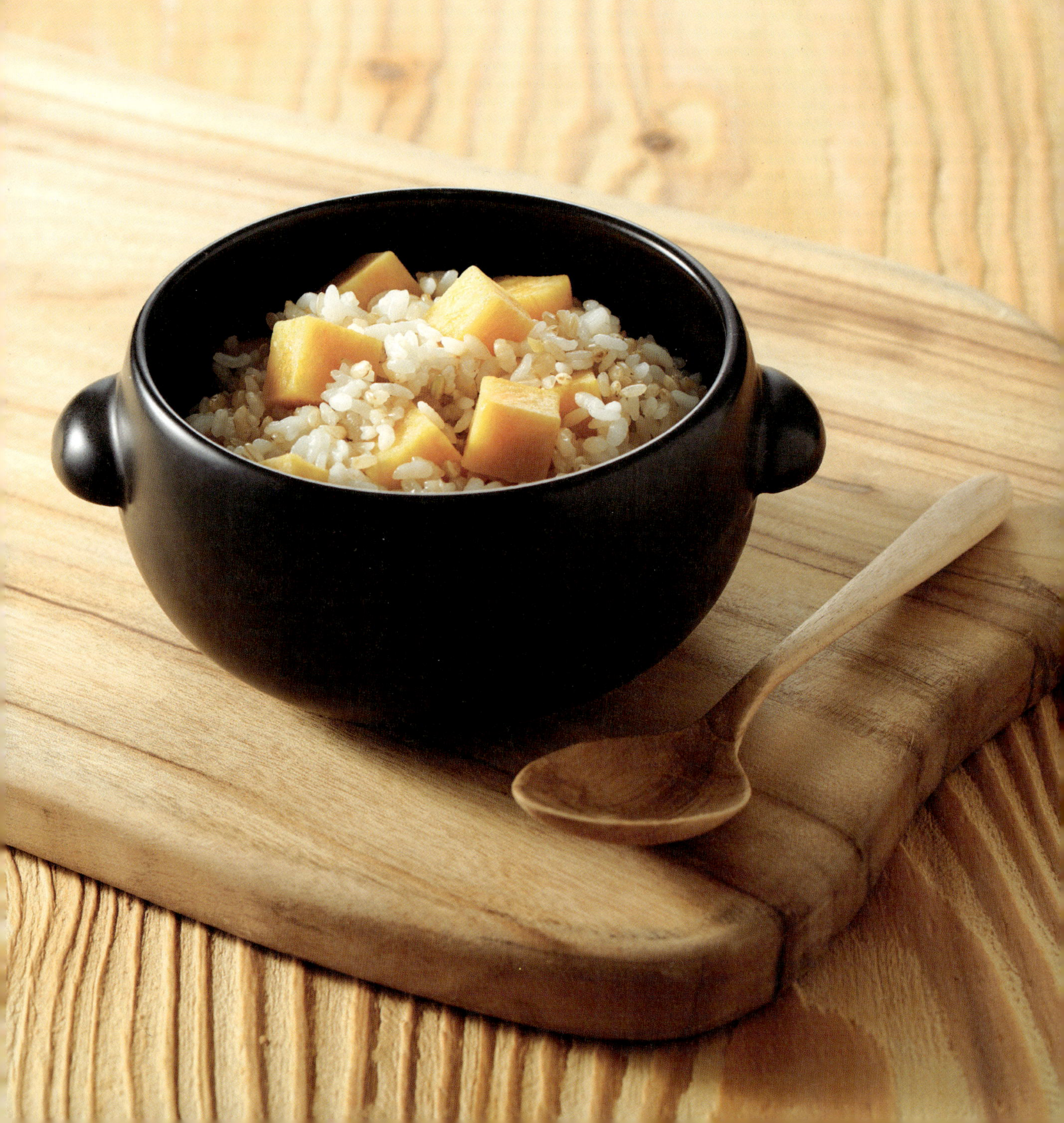

고구마의 껍질에는 전분을 분해하는 효소가 들어있어 소화를 촉진한다. 암과 노화를 억제하는 플라보노이드 성분도 풍부하게 들어있다.

◖ Make to　　　　　　　　　　　　　　　소요 시간 ◆ 25~30

1 요리 전 현미와 멥쌀을 2시간 정도 불려준다. 고구마는 깨끗하게 씻은 후 2~3cm로 깍둑썰기 한다.

2 냄비에 불린 현미와 멥쌀을 부어준다.

3 2의 냄비에 손질된 고구마를 넣어준다.

4 냄비에 물 1과 1/3컵을 붓고 센 불에서 5분 약불에서 10분간 끓여준다. 완성되면 그릇에 담아낸다.

청국장과 흑미 보리밥

옛 추억을 떠올리게 하는 구수한 청국장과 흑미밥이 어우러져
최고의 깊은 맛을 느낄 수 있다

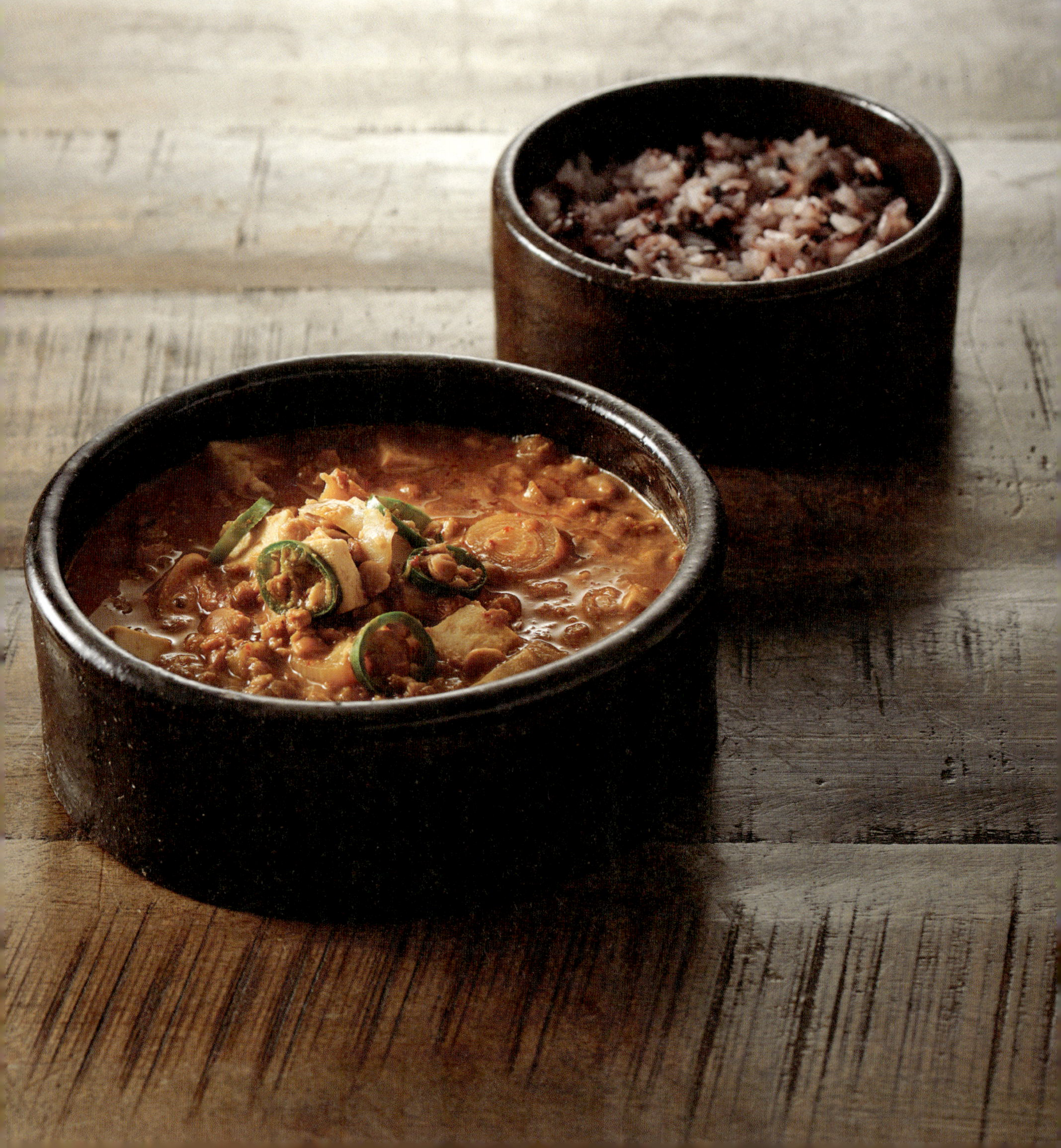

 **Tip**　청국장찌개는 청국장을 가장 나중에 넣어 주어야 영양의 손실을 줄일 수 있고 진한 맛을 잘 낼 수 있다. 기호에 따라 소고기나 멸치 육수를 내어 맛을 내기도 한다.

◀ **Make to**　　　　　　　　　　　　　　　　　소요 시간 ◆ 20분

1 양파는 채 썰고, 대파, 풋고추는 송송 썬다. 두부는 한입 크기로 자르고, 돼지고기는 큼직하게 다진다. 김치는 먹기 좋게 한입 크기로 썬다.

2 포도씨유를 약간 두르고 돼지고기, 김치, 양파 순으로 냄비에 볶아준다.

3 2에 물과 분량의 양념들을 넣고 한소끔 끓인 후 청국장을 넣어 끓여준다.

4 두부, 풋고추, 대파를 넣고 한소끔 끓인 후 간을 보고 마무리한다.

봄냉이 아마씨밥

정재덕 셰프

아마씨는 오메가3와 식이섬유가 풍부하여
여성들에게 더없이 좋은 식재료가 된다

Tip 아마씨가루는 독성이 있기 때문에 꼭 볶아서 사용하거나 볶아놓은 아마씨가루를 구입하는 게 좋다.

◖ **Make to** 소요 시간 ◆ 25~30분

1 냉이는 흙과 이물질을 제거하고 깨끗하게 씻어주고 당근은 잘게 다져준다.

2 불린 현미 1/3컵, 불린 멥쌀 2/3컵을 씻어 냄비에 올린다. 여기에 물 1과 1/3컵을 부어준다.

3 2의 냄비에 볶은 아마씨가루 1큰술을 넣어준다.

4 밥을 하기 전 다시마 한 조각을 함께 넣어주면 감칠맛이 더 좋아진다. 센 불에서 5분 약 불에서 10분 정도 끓인다.

5 손질된 냉이는 30초간 데친 후 뜸 들일 때 냉이를 함께 넣어준다. 완성되면 그릇에 담고 분량의 양념장을 곁들인다.

오리와 닭

날개 달린 육류로
기분도 UP

붉은 색 고기와 지방은 같은 육류라도 건강에 도움이 되지 않는

다. 예로부터 담백하고 단백질이 많은 닭과 불포화지방산이 많아

돈을 주고서라도 사먹으라고 했던 오리는 지금도 여전히 건강한

식재료의 대명사다.

마늘 찹쌀 삼계탕

입맛 없고 지친 몸에 기운을 주고 속도 든든하게 해주는 보양음식

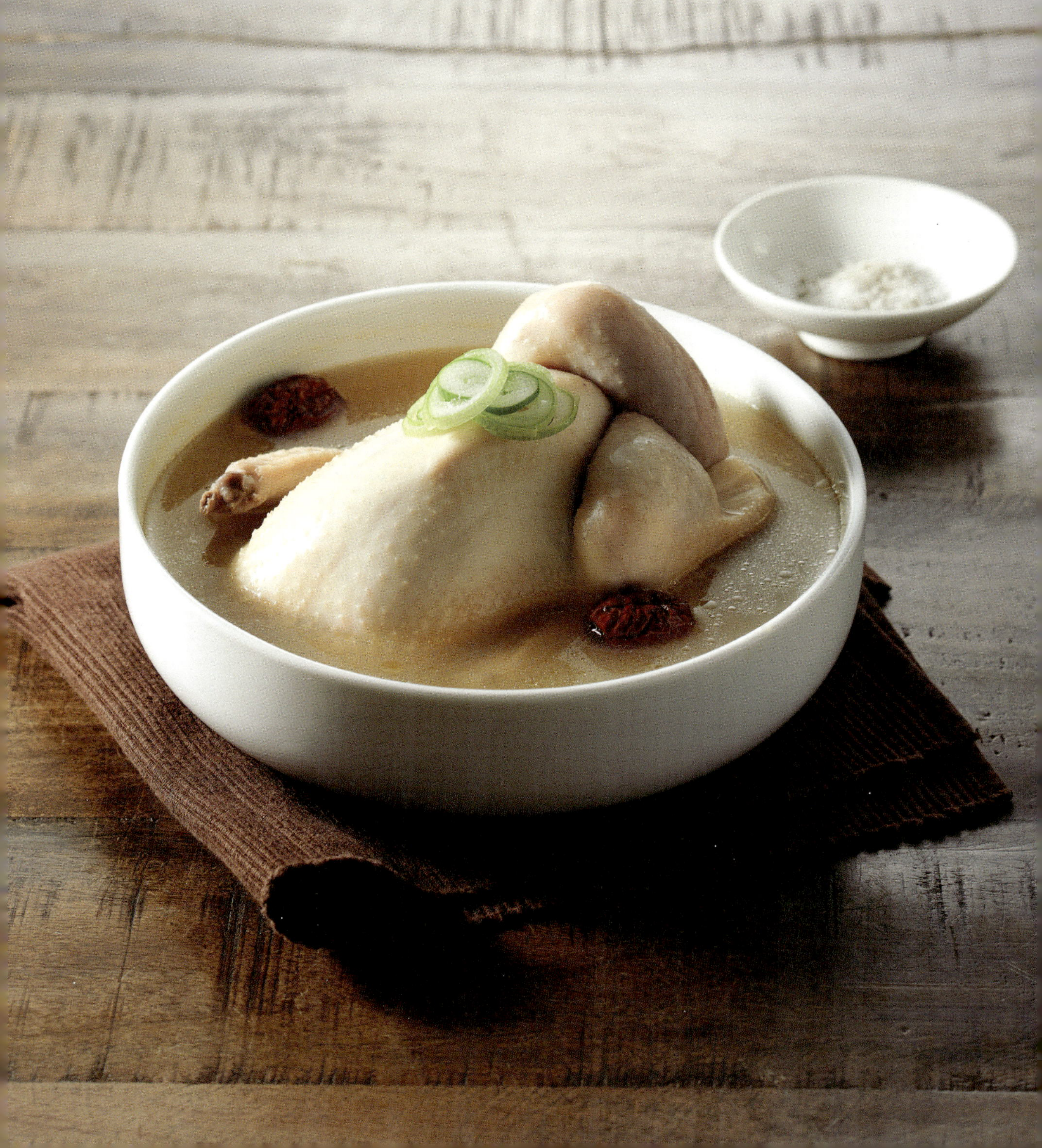

◖ **Ready**   ◆2인분

영계 2마리, 불린 찹쌀 1컵, 황기 30g, 통마늘 6톨, 물 1리터,
대파 1/2개, 대추 6개, 간장 1/2큰술, 소금 약간, 후추 약간

Tip

여름날 최고의 보양식으로 알려진 삼계탕은
대추, 은행은 물론 인삼, 당귀, 황기 등의 한약
재나 전복, 해삼과 같은 보양재료를 같이 넣어
도 좋다.

◖ **Make to**   소요 시간 ◆ 50분

1 불린 찹쌀, 황기, 대추, 통마늘,
영계를 준비하고, 대파는 송송
썰어준다.

2 영계는 꽁지의 기름기 많은 부
분을 자르고, 안쪽 내장을 찬
물에 깨끗이 씻어 핏기와 불순
물을 닦아낸다.

3 손질한 닭의 배속에 불린 찹쌀
과 통마늘, 대추를 넣어 채운
다음 한쪽 다리 뒤편에 칼집을
넣어 다른 한쪽 다리를 X자 모
양으로 교차한 뒤 그 사이에
끼어 넣는다.

4 냄비에 물을 넣고 황기, 간장,
영계를 넣고 한소끔 끓인 다음
약 불로 닭이 익도록 40분 이
상 푹 끓인다.

5 끓이면서 생기는 거품은 수시
로 걷어내고, 송송 썬 대파를
올리고 기호에 따라 소금과 후
추를 곁들인다.

버섯 맑은 닭곰탕

진한 국물에서 배어 나오는 감칠맛과
향긋한 버섯의 기운이 담긴 보양식

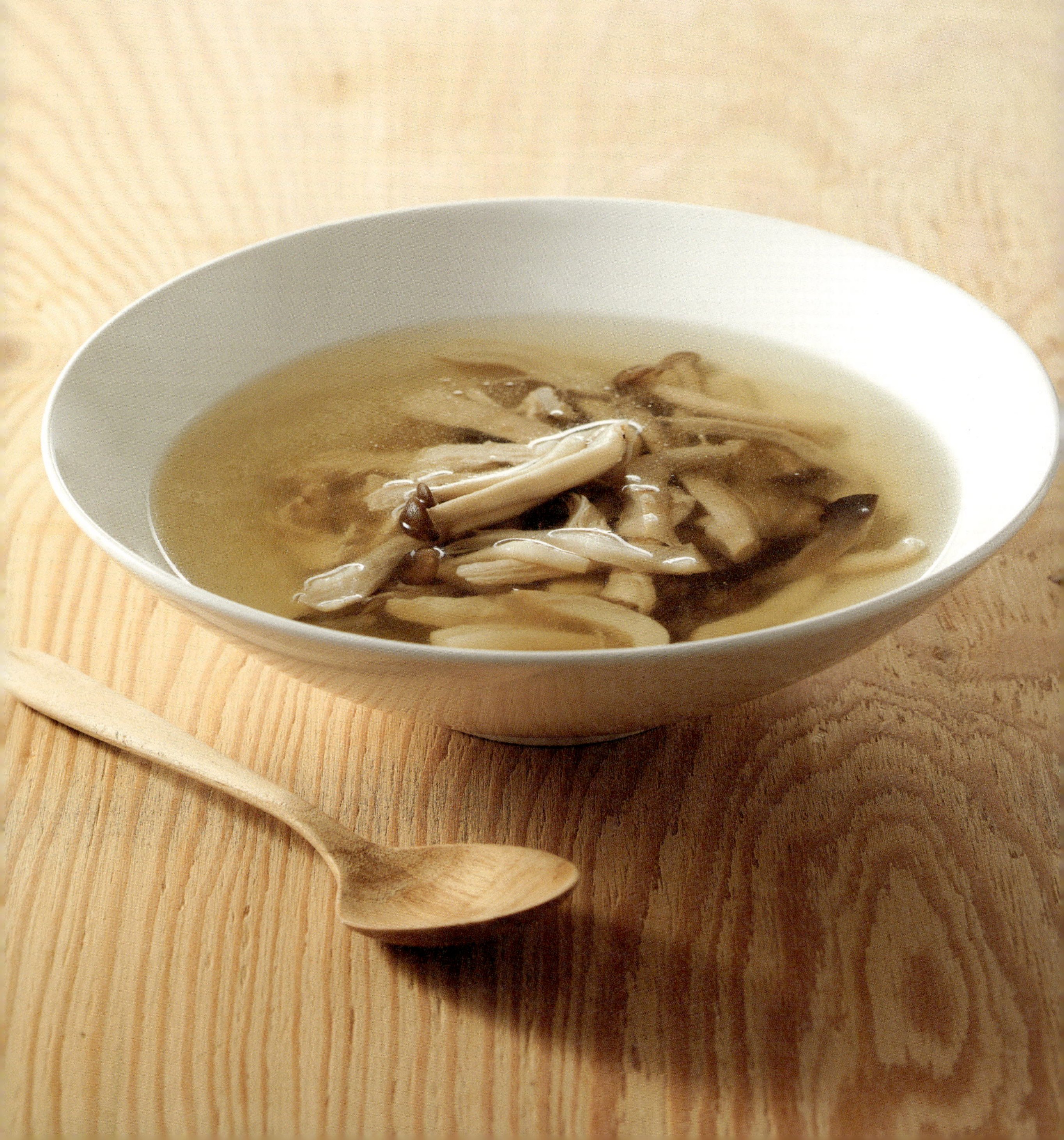

닭가슴살은 약한 불로 익혀야 살이 부드러워 진다. 만가닥버섯은 뭉쳐있는 밑둥을 잘라내 고 사용하면 된다.

◖**Make to**　　　　　　　　　　소요 시간 ◆ 25분

1 손질한 닭가슴살을 준비하고, 느타리버섯은 가늘게 찢어서 준비한다.

2 냄비에 분량의 물과 닭가슴살 을 넣고 끓인다. 끓어오르면 불 을 낮추고 닭가슴살을 익힌다.

3 익은 닭가슴살은 건져내고, 약 불로 대파와 간장을 넣고 5분 정도 더 끓인다.

4 삶은 닭은 적당한 크기로 결대 로 찢어서 소금 약간과 참기름 을 넣어 조물조물 무쳐 놓는다.

5 대파는 건져내고 준비된 닭육 수에 느타리버섯, 만가닥버섯 과 양념한 닭가슴살을 넣고 한 소끔 끓인 후 간을 맞춰 완성 한다.

닭가슴살 잣즙 무침

단백질이 풍부한 닭가슴살의 담백한 맛과 잣소스의
고소한 맛이 잘 어우러진 냉채

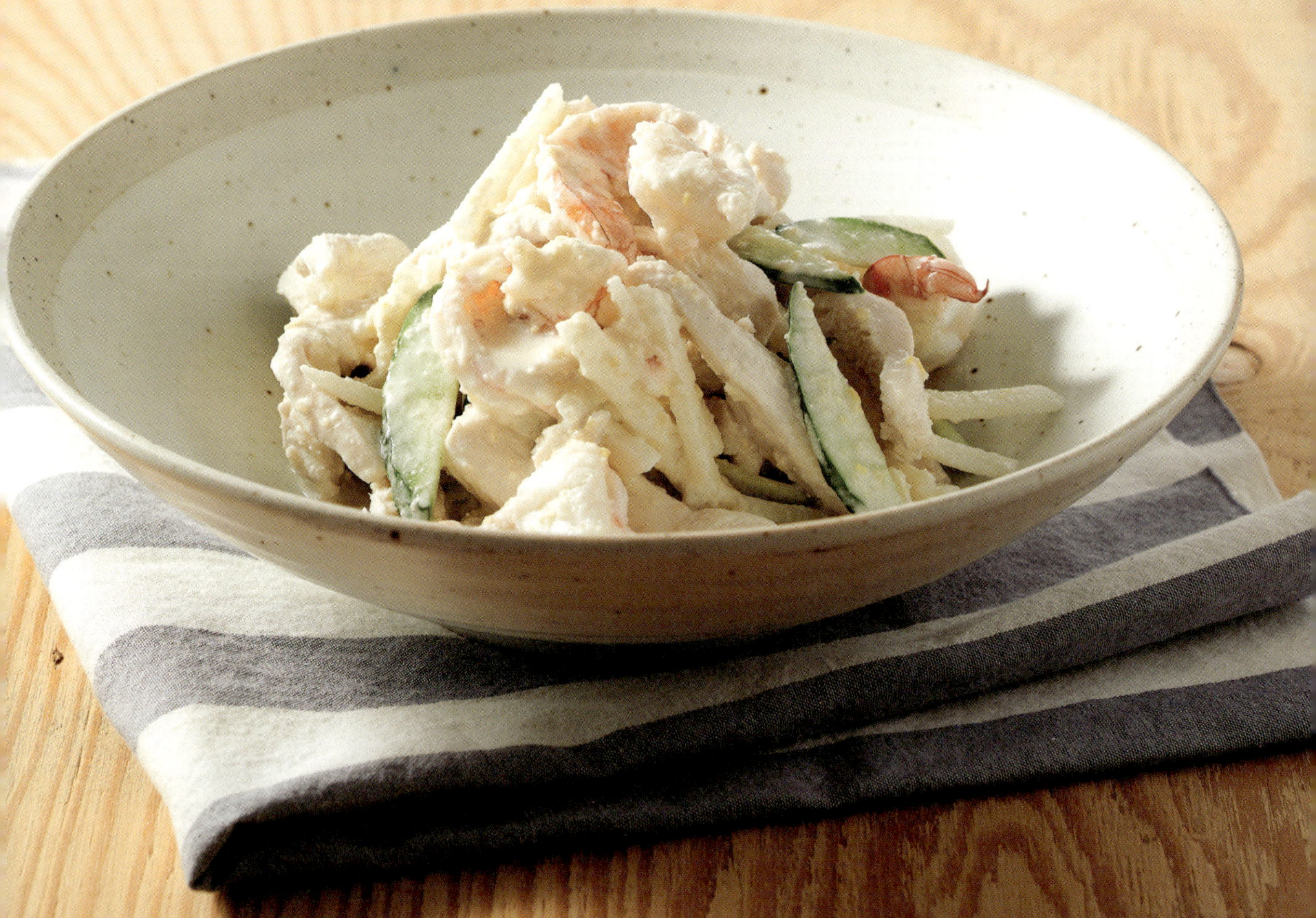

닭가슴살을 통째로 익히는 경우에는 건져서 먹기 좋은 크기로 찢어서 준비한다. 모든 재료들과 잣소스를 넣어 버무릴 때는 재료들의 물기를 닦아내는 것이 좋다. 새우(해산물)는 너무 오래 익히면 질겨지므로 주의한다.

◖ **Make to** 소요 시간 ◆ 20분

1 새우는 머리와 내장을 제거하고, 닭가슴살은 굵직하게 썬다. 밤은 편 썰고, 오이는 반을 갈라 채 썰고, 배도 굵직하게 채 썰어 준비한다.

2 끓는 물에 닭가슴살을 넣고 익힌 후 건져내어 식힌다.

3 끓는 물에 소금을 약간 넣고 새우를 데친 후 찬물에 빠르게 헹구어 물기를 제거한다.

4 잣가루와 물을 조금 넣어 곱게 섞은 다음, 분량의 재료들을 넣어 소스를 만든다.

5 준비한 재료들을 섞고 소스를 넣어 버무려 담아낸다.

오리 된장 불고기

식욕을 돋우는 매콤한 맛, 된장으로
느끼함까지 잡아 영양을 충분히 섭취할 수 있다

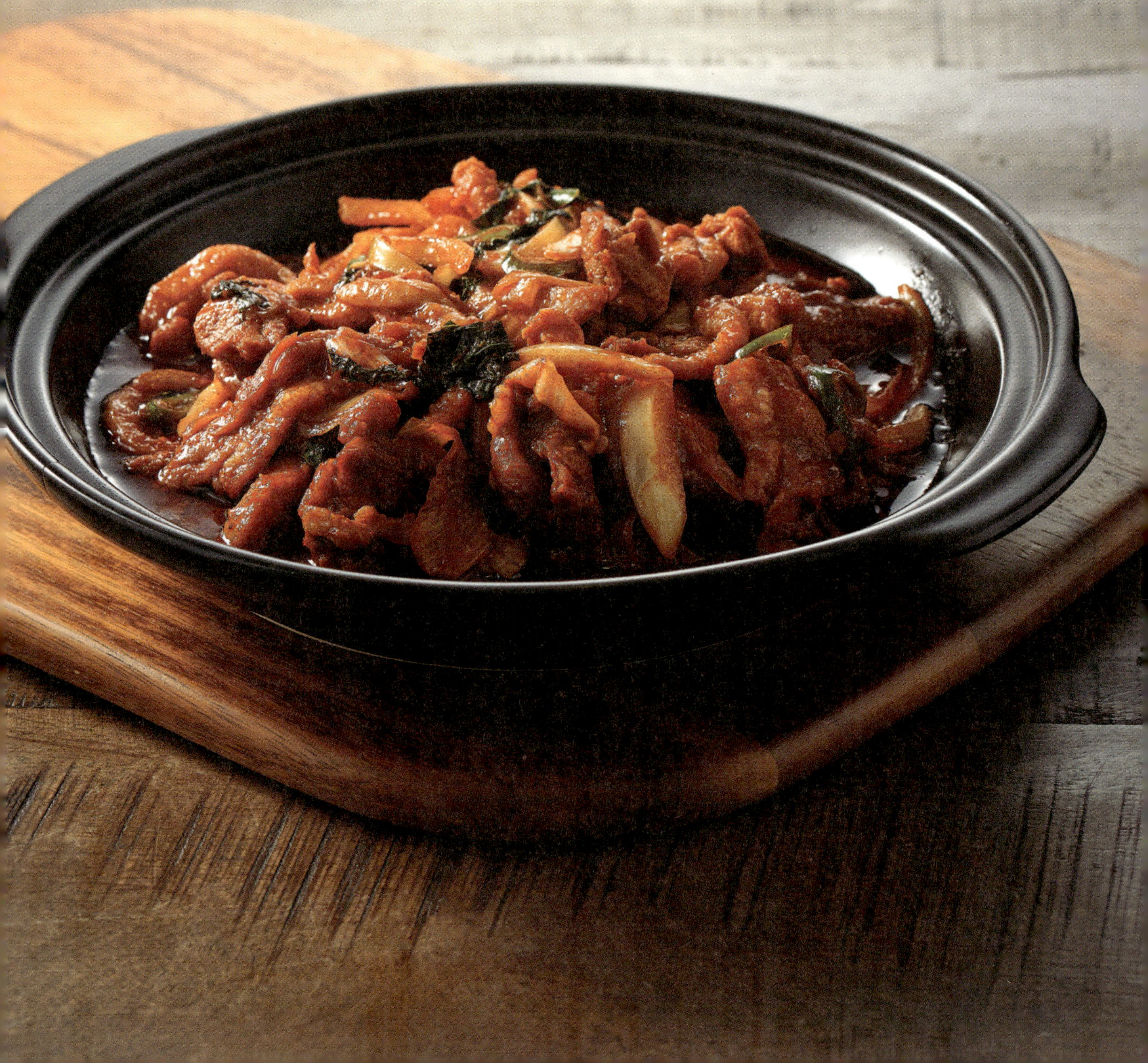

양념한 고기를 팬에 익힐 때는 쉽게 탈 수 있으
므로 잘 저어주고 센 불에서 빠르게 볶아낸다.
기호에 따라 쌈채소나 부추를 곁들여도 좋다.

◖ **Make to**   소요 시간 ◆ 20분

1 양파와 깻잎은 채 썰고, 대파와 청양고추는 어슷
하게 썰어준다.

2 분량의 재료들을 모두 섞어 볶음양념을 만들어
준다.

3 오리고기와 양파, 대파, 청양고추, 볶음양념을 골
고루 섞어서 버무려 둔다.

4 달군 팬에 **3**의 재워둔 오리고기와 채소를 넣고
빠르게 볶아 준다. 오리고기가 다 익으면 불을
끄고 깻잎을 섞어서 마무리 한다.

이건호 셰프

닭가슴살 깻잎전

쌉싸름하고 향긋한 깻잎에 다양한 재료를 채워 넣어
고소하게 지진 깻잎전

◖**Ready** ◆2인분

닭가슴살 1쪽, 새우 5마리, 대파(흰부분) 1/4대, 다진마늘 1
큰술, 영양부추 10g, 홍고추 1개, 청고추 1개, 깻잎 8장, 간장
1/3큰술
부침재료 포도씨유 2큰술, 밀가루 약간, 달걀 1개, 소금 약간

Tip 새우는 다져서 넣기 전에 등쪽의 검은 실처럼
보이는 내장을 제거한다. 전은 기름을 넉넉히
두르고 부쳐야 풍미가 살아난다.

◖**Make to** 소요 시간 ◆ 25분

1 닭가슴살, 새우살은 한 입 크
기로 썰고, 부추, 대파, 청·홍고
추는 작게 썰어 준비한다

2 닭가슴살과 새우살은 블랜더
나 핸드믹서로 곱게 갈아준다.

3 2에 부추, 대파, 마늘, 청·홍고
추, 간장을 넣고 골고루 섞어
서 반죽한다.

4 깻잎의 양쪽면에 밀가루를 가
볍게 무쳐서 털어주고, 3의 반
죽을 8개로 나누어서 깻잎 사
이에 채워 넣는다.

5 달걀에 소금을 약간 넣고 골고
루 잘 풀어준 후 속 채운 깻잎
을 하나씩 달걀물에 입힌다.

6 달군 팬에 포도씨유를 두르고
깻잎을 앞뒤로 뒤집어 가며 고
르게 익혀낸다. 속까지 익어야
하므로 중 불로 부친다.

된장 닭구이

된장은 고기의 잡 냄새를 잡아주고 레시틴 성분이 들어있어
치매 예방에 도움을 준다

◀ **Ready** ◆ 2~3인분

닭다리살 1kg, 껍질콩 10개, 풋 마늘대 2~3개, 홍피망 1/4개,
마늘 2개
양념장 된장 1/2컵, 설탕 4큰술, 미림 2큰술, 정종 2큰술

된장소스에 돼지고기나 다른 육류를 재워서 구
워 먹어도 좋고 캠핑 가기 전 재워서 가져가도
좋다.

◀ **Make to** 소요 시간 ◆ 15~20분

1 껍질콩, 마늘, 풋 마늘대, 홍피망을 채 썰어준다.

2 닭다리살 가운데 칼집을 넣고 뼈를 제거해 준
다. 여기에 분량의 재료로 양념장을 만들어 발
라준다.

3 양념한 닭 구이는 잘 타기 때문에 약 불로 구워
준다.

4 채소를 볶아서 밑 간하여 구운 닭 위에 올려준다.

생선류

언제나 든든한 해군들

후쿠시마 원전과 미세먼지 증가로 고등어가 피해를 보는 일이 있었다. 조리법에 대한 이슈였지, 고등어 자체는 죄가 없다. 보양식의 대명사 장어와 건강한 몇 가지 생선들은 제대로 조리해 먹는다면 육류와는 비교도 안될 정도의 맛과 영양을 선사할 수 있다.

장어 해조 비빔밥

이건호 셰프

영양 만점인 장어에 자연이 길러낸 바다 속 나물인 해조류를 더해
풍부한 바다의 맛과 향을 느낄 수 있다

Tip 해조류 종류는 다시마, 갈래곰보, 고장초, 세모가사리, 톳, 꼬시래기, 해파리, 파래, 김, 미역 등이 있으며 주로 염장되어 있거나 냉동, 건조되어 판매되고 있다.

◖ Make to 소요 시간 ◆20분

1 오이는 채 썰고, 양념장어는 한입 크기로 준비한다. 해조류는 찬물에 여러 번 헹구어 짠맛을 빼준다.

2 분량의 재료들을 모두 섞어 레몬 간장소스를 만든다.

3 해조류는 끓는 물에 한번 데쳐 낸 후 찬물에 식초를 약간 넣어 헹군 후 물기를 빼준다.

4 그릇에 밥을 담고 해조류를 얹고, 오이, 초생강, 새싹 채소, 레몬을 돌려 담고 양념장어를 올린다.

녹두면 연어 해물 냉채

각종 해물과 겨자소스를 맛깔나게 버무려
입맛 없을 때 식욕을 끌어 올리는 냉채

Tip

해물은 취향에 따라 전복, 문어, 미역 등 다양
하게 넣기도 하고, 채소는 콩나물, 버섯 등을
곁들여 즐길 수 있다.

◖ **Make to** 소요 시간 ◆ 25분

1 양파, 적 파프리카, 노란 파프
리카, 오이는 채 썰어 둔다. 연
어는 한입크기로 썰어서 준비
한다.

2 끓는 물에 소금을 약간 넣고
새우를 빠르게 데친 후 찬물에
헹궈 물기를 빼준다.

3 끓는 물에 소금을 약간 넣고
오징어살과 홍합살을 빠르게
데친 후 찬물에 헹궈 물기를
빼준다.

4 끓는 물에 녹두면을 넣어 투명
하게 익으면 건져서 찬물에 헹
궈 물기를 빼준다.

5 분량의 재료들을 모두 섞어서
겨자소스를 만든다.

6 준비된 재료들을 그릇에 돌려
담고 겨자소스를 곁들인다.

연어 꽈리고추 볶음

'신의 물고기'라고 불렸다던 연어의 특별한 맛에
감칠맛을 끌어 올려주는 꽈리고추를 곁들인 요리

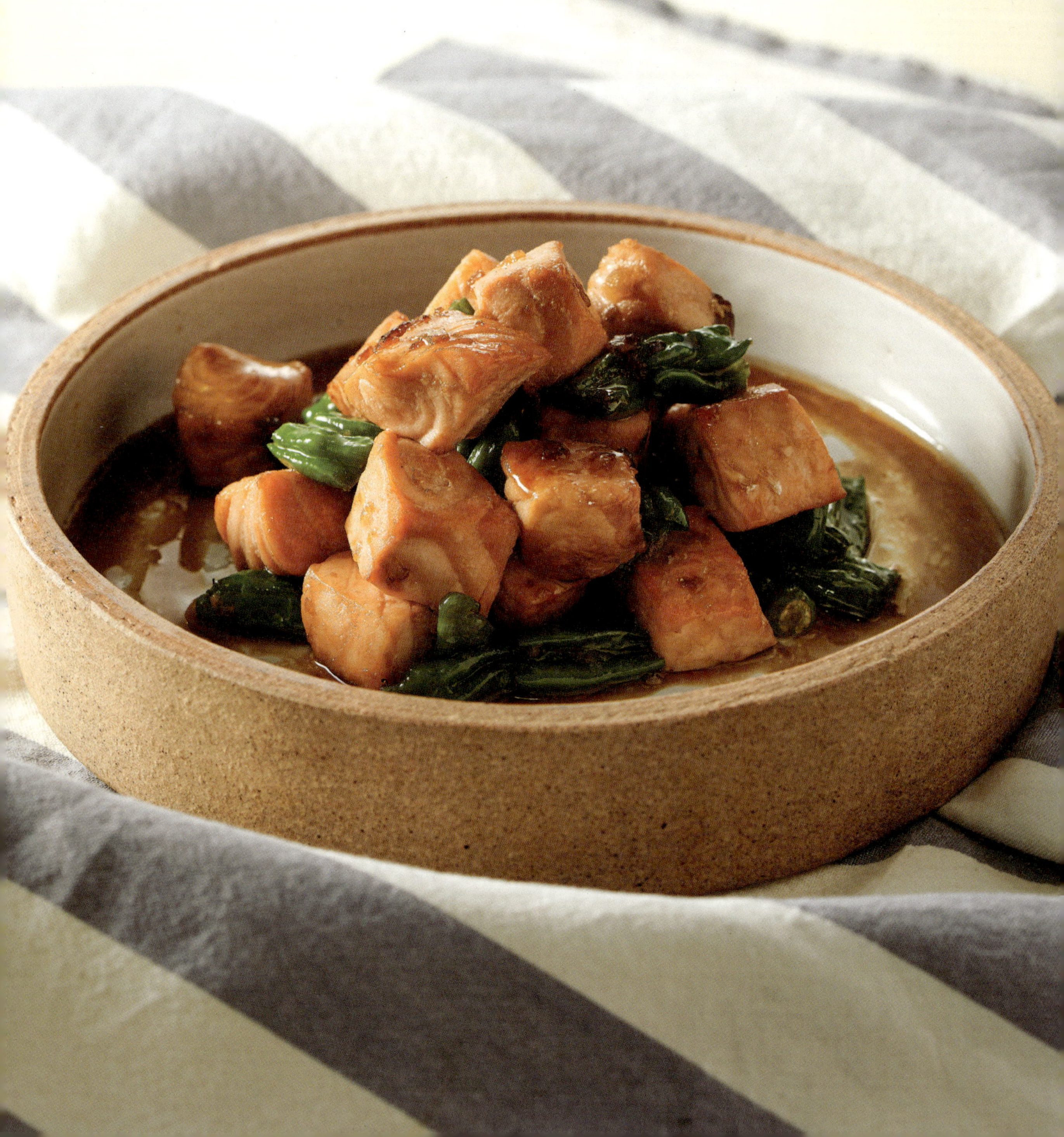

◀ **Make to** 소요 시간 ◆ 10분

1 연어는 한입 크기의 주사위 모양으로 썰고 꽈리
고추는 꼭지를 떼고 3등분해서 자른다.

2 분량의 재료를 모두 섞어 볶음양념을 만든다.

3 달군 팬에 포도씨유를 약간 두르고 꽈리고추를
먼저 볶다가 연어를 넣어 볶는다.

4 연어가 반쯤 익으면 준비한 볶음양념을 약간 넣
고 조리듯이 빠르게 익혀낸다.

이건호 셰프

고등어 뿌리채소 조림

맛깔나는 간장의 향이 잘 배어니는 부드럽고
촉촉한 식감의 고등어 뿌리채소 조림

◖ **Ready**   ◆ 2인분

고등어 3토막(1마리), 삶은 뿌리채소(무 100g, 통연근 60g, 통
우엉 30g), 생강편 20g, 파채 10g(고명)
조림양념 설탕 1큰술, 고춧가루 1큰술, 정종 1/2컵, 미림 1큰술,
양조간장 1큰술

고등어는 금방 익기 때문에 뿌리채소는 미리
삶아 주어야 조리시간을 단축시키고 고르게
맛을 낼 수 있다. 곁들여 주는 흰파채 외에 생
강을 얇게 채 썰어 곁들여 주면 비린맛을 줄이
고 개운한 맛을 즐길 수 있다.

◖ **Make to**   소요 시간 ◆ 25분

1 고등어는 내장을 제거한 후 깨
끗이 손질하고, 깐생강은 두툼
하게 편으로 썰고 무, 연근, 우
엉은 서로 비슷한 크기로 썰어
준비한다.

2 분량의 재료를 모두 섞어서 조
림양념을 만든다.

3 조림양념과 고등어, 생강편,
뿌리채소들을 넣고 끓인다. 끓
어오르면 중 불로 5분간 더 끓
여준다.

4 졸이는 중간중간 조림 국물을
생선에 끼얹는다. 조림양념이 2
큰술 정도 남을 때까지 졸인다.

5 따뜻한 접시에 채소를 먼저 담
고 생선을 가운데 올린 후 흰
파채를 얹어 마무리 한다.

101

이건호 셰프

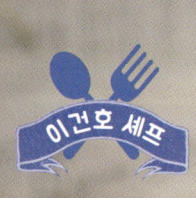

꽁치 신김치 조림

등 푸른 생선에 칼칼한 양념의 깊은 감칠맛과 영양이 녹아든
차원이 다른 꽁치 조림

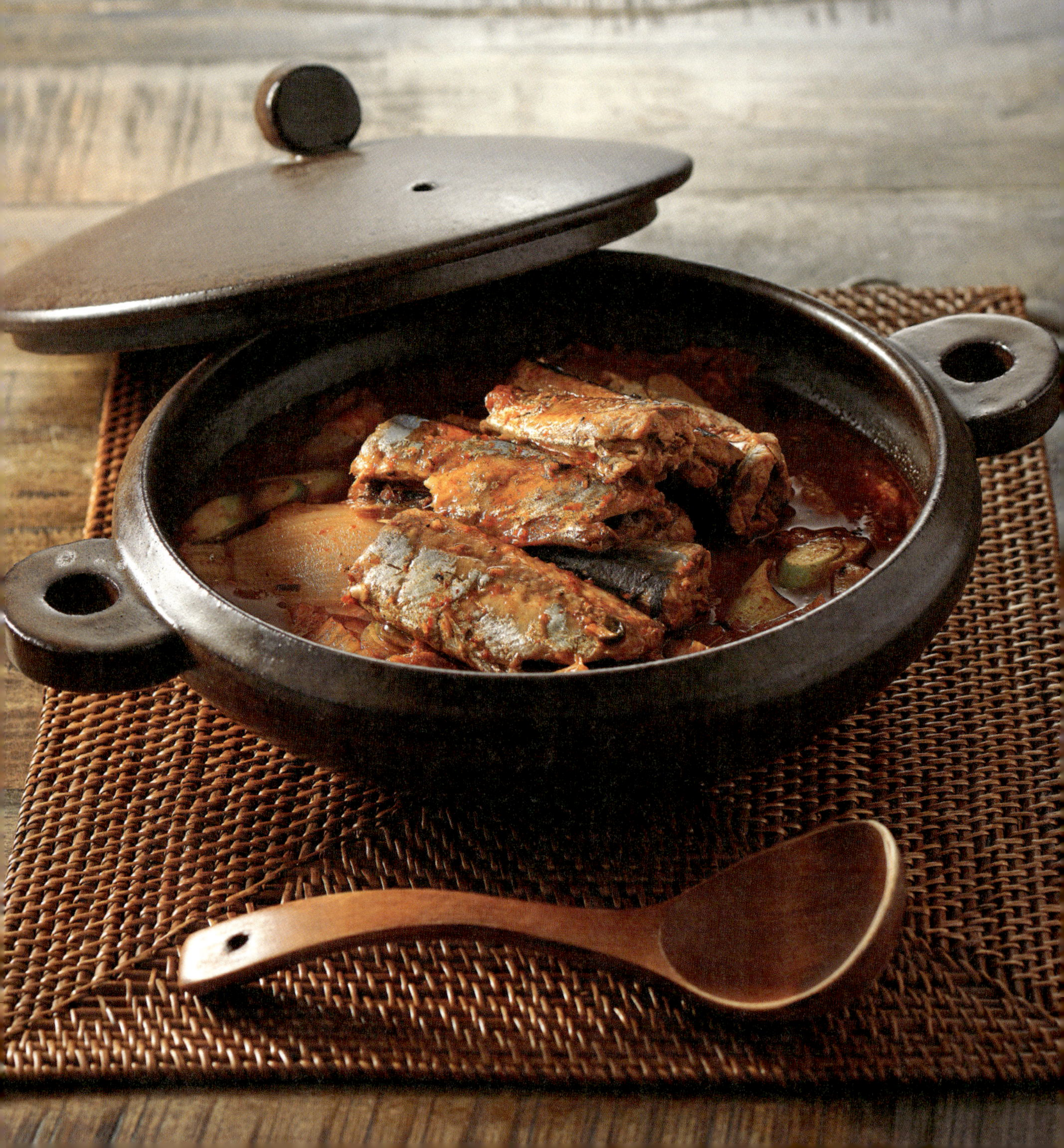

◖ **Ready** ◆2인분

꽁치캔 통조림 1개, 감자 1/2개(약300g), 양파 1/2개, 다진마늘 1큰술, 대파 1/4대, 신김치 430g, 물 3컵
양념 고추장 5큰술(75g), 고춧가루 1/2큰술, 양조간장 1과 1/2큰술

Tip 김치는 익어야 풍미가 좋아지며, 감자는 얇게 썰면 금방 익어 부스러져 국물이 걸쭉하고 탁해지므로 두툼하고 굵게 썰어 준다.

◖ **Make to** 소요 시간 ◆ 24분

1 감자와 양파는 두툼하게 썰고, 대파는 어슷 썬다.

2 냄비에 감자를 먼저 깔고, 양파, 김치 순으로 넣고 물을 부어 끓인다.

3 2에 꽁치와 분량의 양념을 넣고 끓어오르면 불을 낮추어 10분 정도 끓인다.

4 국물이 약간 걸쭉하게 졸여지면 대파를 넣고 한소끔 끓여 완성한다.

우럭 콩 조림

단백질이 풍부한 콩과 생선을 함께 졸여먹는 제주 지역의 향토음식.
몸에 좋은 콩과 함께 졸여 먹기에 영양은 풍부해지고 맛은 배가된다

◖ **Ready**   ◆2인분

우럭 2마리, 풋마늘대(대파) 1대 , 노란콩 1컵
양념장 진간장 6큰술, 설탕 2큰술, 다진마늘 1큰술, 식용유 1큰
술, 고춧가루 1/2큰술, 물 2컵, 다진생강 약간

Tip 생선조림은 너무 오랜 시간 졸이면 퍽퍽해지
고 맛이 없기 때문에 15~20분 정도 졸인다. 완
성된 생선지짐은 다른 잎 채소를 이용해 쌈싸
먹으면 영양도 맛도 더 좋다.

◖ **Make to**   소요 시간 ◆ 15~20분

1 풋마늘대는 깨끗하게 씻은 후 5cm로 자르고 우
럭은 비늘과 내장을 제거하고 깨끗하게 씻어준다.

2 노란콩은 깨끗하게 씻어 물기를 제거하고 프라
이팬에 볶아준다.

3 냄비에 우럭과 볶은 노란콩을 담은 후 분량의 양
념장을 넣고 센 불에서 5분 중 불에서 10여분간
졸여준다.

데리야끼 연어구이

데리야끼 소스의 달큰하고 짭조름한 감칠맛과
연어 속살의 부드럽고 촉촉한 맛이 일품인 요리

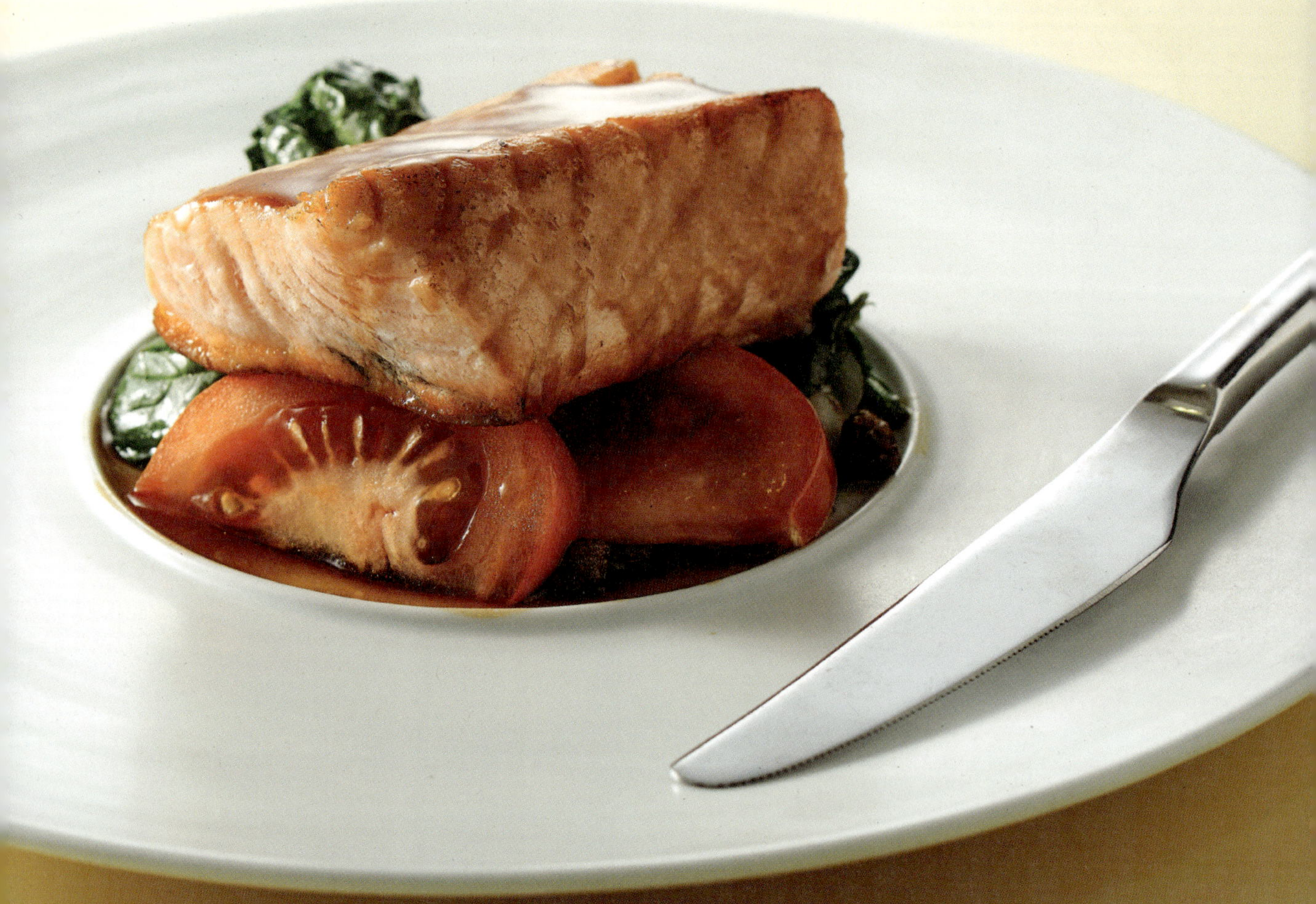

◖ **Ready**   ◆ 2인분

연어 300g, 시금치 1줌, 양파 1/6개, 토마토 1/4개, 레몬 1/4개,
캐이퍼 1큰술, 마늘 2개, 소금 약간, 통후추(갈은 것) 약간, 포도
씨유 약간
데리야끼 소스 물 1/2컵, 양조간장 2큰술, 물엿 1과 1/2큰술, 흑
설탕 1큰술

Tip 데리야끼 소스는 연어와 같이 넣어서 졸여야 연어에 간이 배어 들어가고, 소스의 농도도 조금씩 걸쭉해진다.

◖ **Make to**   소요 시간 ◆ 18분

1 양파는 채 썰고, 마늘은 편으로 썰어 둔다. 토마토
와 레몬은 웻지 모양으로 썬다.

2 분량의 재료들을 섞어서 데리야끼 소스를 만든다.

3 달군 팬에 포도씨유를 두르고 마늘을 먼저 넣고
볶다가 양파를 추가로 넣어 볶는다. 마지막에 시
금치를 넣고 살짝 숨이 죽도록 볶은 후 소금과
갈은 통후추로 간을 한다.

4 달군 팬에 포도씨유를 약간 두르고 센 불에서 연
어를 앞뒤로 익힌다. 여기에 **2**의 데리야끼 소스
를 넣고 같이 졸여준다. 중간중간 데리야끼 소스
를 수저로 끼얹으며 연어가 익고 소스가 걸쭉하
게 되면 마무리 한다.

채소류

신선한 채소는
언제나 진리

채소가 몸에 좋다는 것은 누구나 다 알지만, 아무렇게나 먹어서는

안된다. 반드시 신선해야 하고, 채소 자체의 맛을 즐겨야 한다. 물

론 다른 재료와 함께 다른 맛도 함께 찾는다면 더할 나위 없이 좋

은 요리다.

브로콜리 수프

신선한 재료의 맛과 영양을 고스란히 담은
부드럽고 고소한 브로콜리 수프

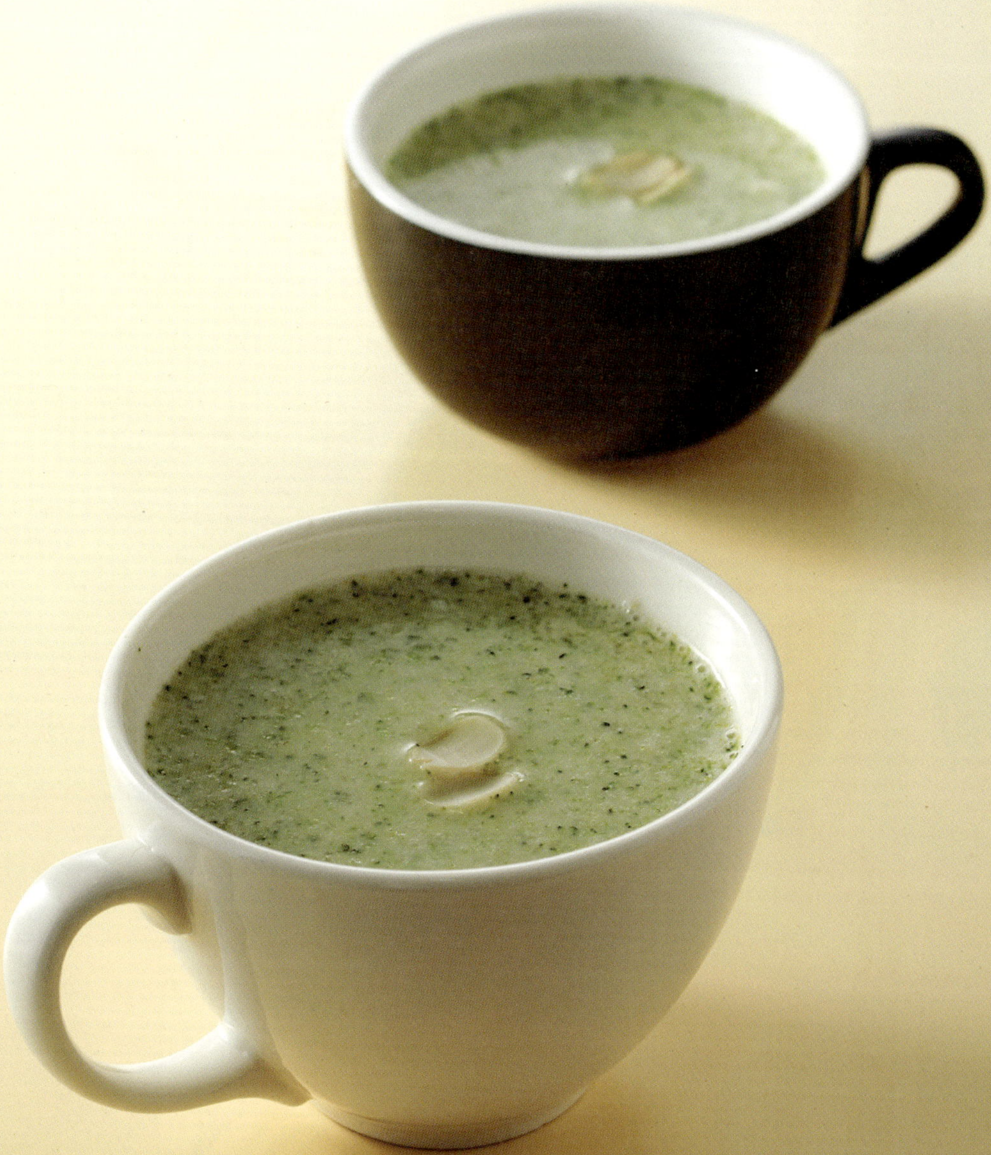

브로콜리는 살짝 데쳐 믹서에 넣고 물과 함께
먼저 갈아준 후에 끓여도 된다. 처음 익히는 중
간에는 풋내가 날 수 있지만, 끓이면서 사라진
다. 끓이고 나서 바로 핸드믹서에 갈 경우 뜨거
우므로 주의한다. 취향에 따라 견과류, 크루통,
치즈가루를 뿌려서 즐길 수 있다.

◖ **Make to**   소요 시간 ◆ 18분

1 브로콜리는 송이 부분만 준비하고, 양파는 채 썰
고, 대파 흰부분은 송송 썰어서 준비한다.

2 냄비에 버터를 넣어 녹인 후 브로콜리, 양파, 대
파를 넣고 골고루 볶아준다.

3 2에 우유, 생크림, 물을 넣어 한소끔 끓인 후 약
불로 은근히 끓여준다.

4 브로콜리가 푹 익으면 블랜더나 핸드믹서로 곱
게 갈아준다. 소금, 후추로 간을 맞춰 완성한다.

당근 수프

이건호 셰프

달콤하고 부드리운 맛은 물론 이을수록 빛나는
단호박 색깔로 따뜻하게 몸과 마음을 채워주는 수프

대부분의 수프는 넣는 주재료에 따라 각양각색의 맛으로 즐길 수 있다. 재료를 삶거나 익혀서 으깨어 걸쭉하게 만들어 농도를 내거나 반대로 농도를 낼 수 있는 루(밀가루를 버터에 볶은 것)를 넣어 주기도 한다.

◖ **Make to** 소요 시간 ◆ 18분

1 당근은 사방 0.5cm정도의 크기로 자르고 양파는 채 썰어서 준비한다.

2 팬에 버터를 녹여 당근과 양파를 넣고 양파가 무르게 익을 정도로 볶아 준다.

3 2에 물, 우유, 생크림을 넣어 당근이 익을 때까지 끓인다.

4 당근이 푹 익으면 블랜더나 핸드믹서로 곱게 갈아주고, 소금과 후추로 간을 하여 완성한다.

브로콜리 현미죽

브로콜리는 지방 함량이 낮고, 항산화 영양소,
비타민C가 풍부한 수퍼푸드의 대명사다

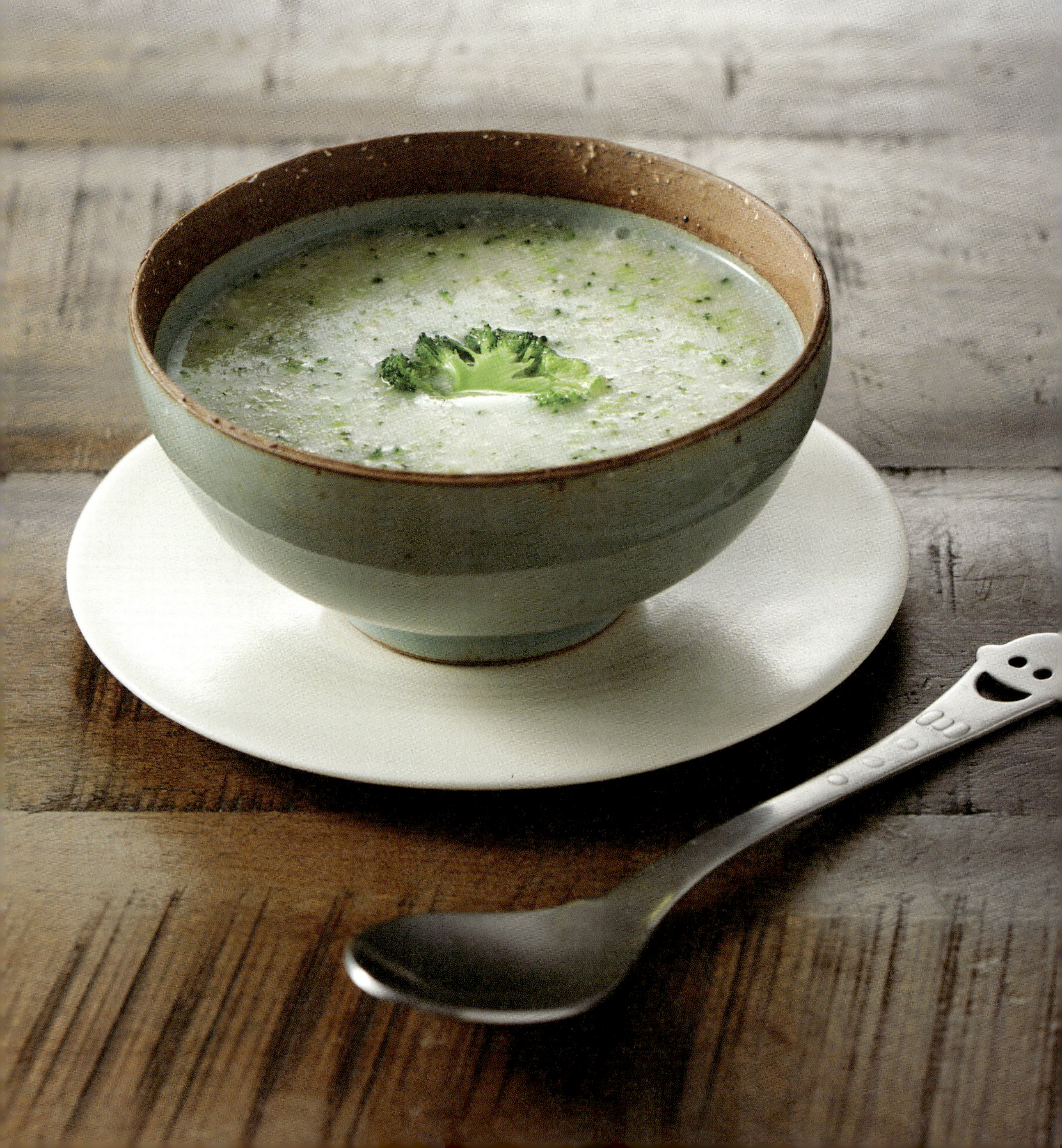

브로콜리 현미죽은 영양소가 풍부해 아이들
이유식으로 이용해도 좋다.

◖**Make to**   소요 시간 ◆ 25~30분

1 요리 전 노란콩은 10시간 현미
는 2시간 불려서 준비해 둔다.
브로콜리는 깨끗하게 씻은 후
손질하여 준다.

2 불린 현미 1/2컵과 불린 노란
콩 1/3컵은 믹서기에 갈아준다.

3 냄비에 참기름 1작은술을 두
른 후 갈아놓은 현미와 노란콩
을 냄비에 붓고 끓여준다.

4 브로콜리를 잘게 다진 후 넣어
서 한번 더 끓여준다.

5 끓인 브로콜리 현미죽에 소금
1/2작은술로 간을 하고 그릇
에 담아낸다.

이건호 셰프

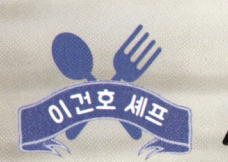

시금치 흑미쌈밥

풍부한 영양을 담은 보석 같은 채소 시금치에 싼
흑미밥에 견과류 쌈장을 곁들이면 특별한 맛을 즐길 수 있다

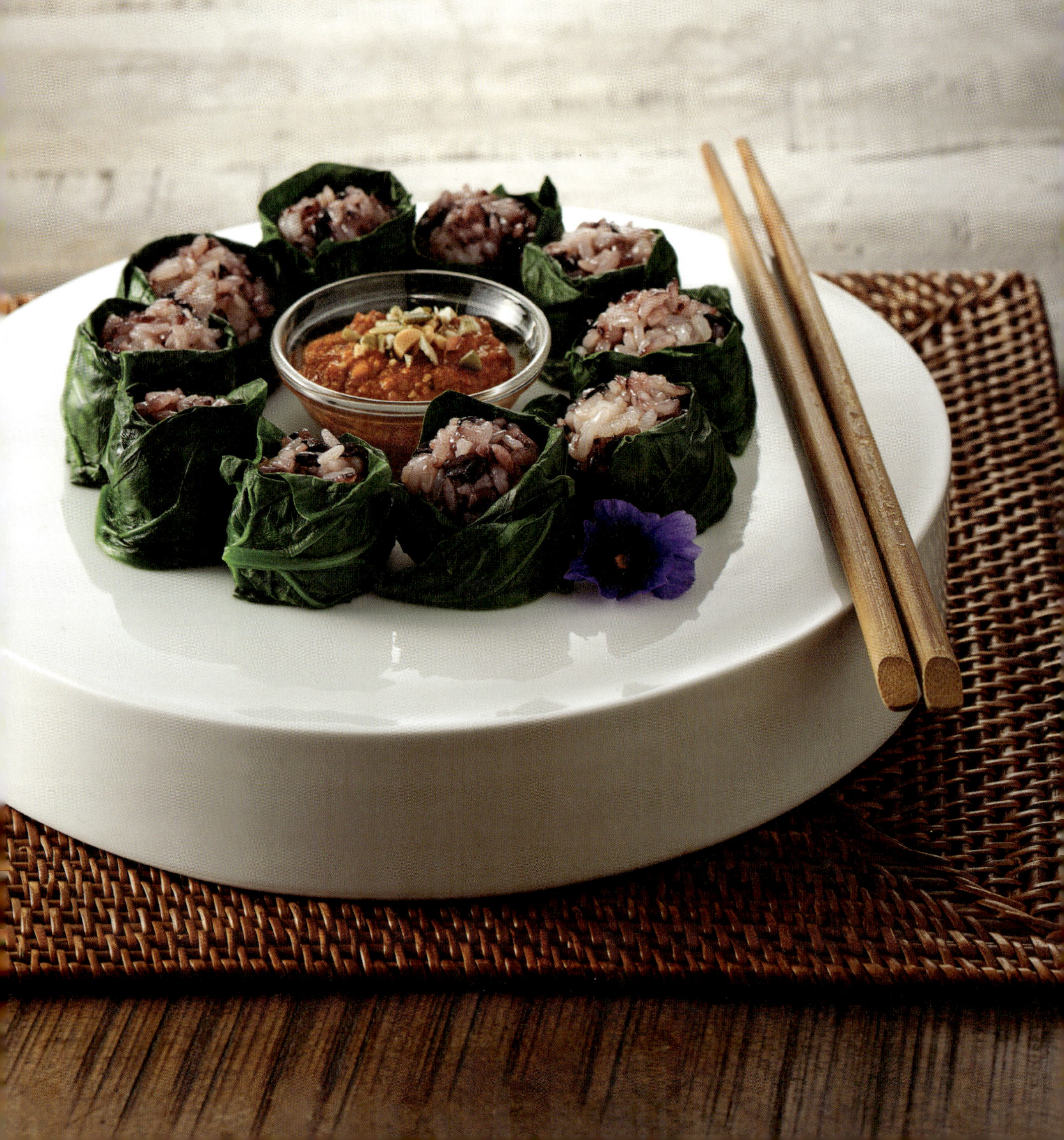

◖ Ready ◆2인분

시금치(넓은 잎) 10개, 흑미밥 1공기, 양파 20g, 참기름 1큰술, 소금 약간

견과류 쌈장 된장 1큰술, 고추장 1큰술, 다진호두 1/2큰술, 다진 땅콩 1/2큰술, 물 2큰술, 참기름 1큰술, 깨소금 약간

Tip 견과류 쌈장에 두부를 으깨 넣으면 고소하고 부드러운 맛을 더해 주기도 한다. 시금치를 데 칠 때는 냄비 뚜껑을 열고 빠르게 데쳐 찬물에 헹궈야 색도 살아있고, 영양소 파괴도 줄일 수 있으며 떫은 맛도 줄어든다. 기호에 따라 견과 류 쌈장에는 볶은 양파를 빼고 사용해도 좋다.

◖ Make to 소요 시간 ◆ 23분

1 시금치는 넓은 잎으로 준비하고, 양파는 채 썰고, 호두와 땅콩은 다져서 준비한다.

2 쌈장은 분량의 재료들을 모두 섞고, 여기에 채 썬 양파를 팬에 충분히 볶아서 식힌 후 섞어준다.

3 시금치는 끓는 물에 빠르게 데친 후 찬물에 헹구 어 물기를 제거한다.

4 밥이 뜨거울 때 참기름과 소금을 넣어 골고루 섞 어 간을 한 후 밥에 쌈장을 넣어 주먹처럼 뭉친 후 시금치로 감싸 쌈밥을 만들어 준다.

가지 냉국

뜨거운 여름날 가지의 특별한 변신으로
뼈속까지 시원하고 새콤하게 즐기는 별미 냉국

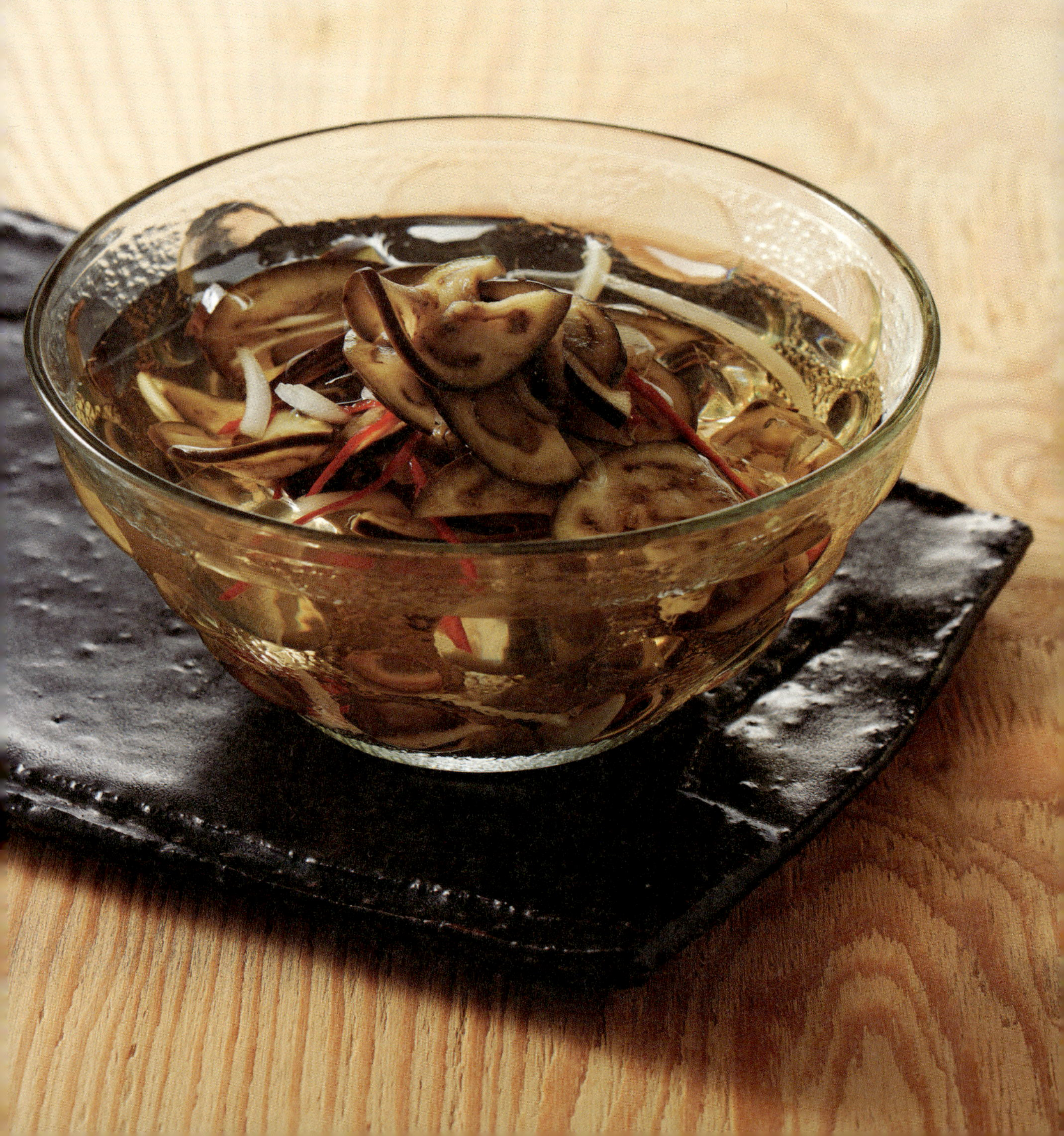

◖Ready ◆2~3인분

가지 1개, 물 2와 1/2컵, 간장 1큰술, 양파 1/6개(30g), 홍고추 1/3개(4g)

냉국육수 물 2와 1/2컵, 진간장 1과 1/2큰술, 양조식초 7큰술, 설탕 5큰술

Tip 가지는 랩핑한 후 전자레인지에 2분 30초간 찌고 껍질째 사용하거나 껍질을 제거하고 과육만 사용할 수 있다.

◖Make to 소요 시간 ◆ 12분

1 가지는 어슷하게 썰고, 양파는 얇게 채 썰고, 홍고추는 씨를 제거한 후 얇게 채 썰어 준비한다.

2 끓는 물에 가지를 데친 후 물기를 제거하고 식힌다.

3 분량의 재료들을 섞어 냉국육수를 만든다.

4 유리볼에 가지, 양파, 홍고추와 준비한 냉국육수를 넣고 잘 섞어서 완성한다.

보리새우 시금치 된장국

보리새우의 고소한 단맛과 진한 된장의 영양이 어우러진
일품 시금치 된장국

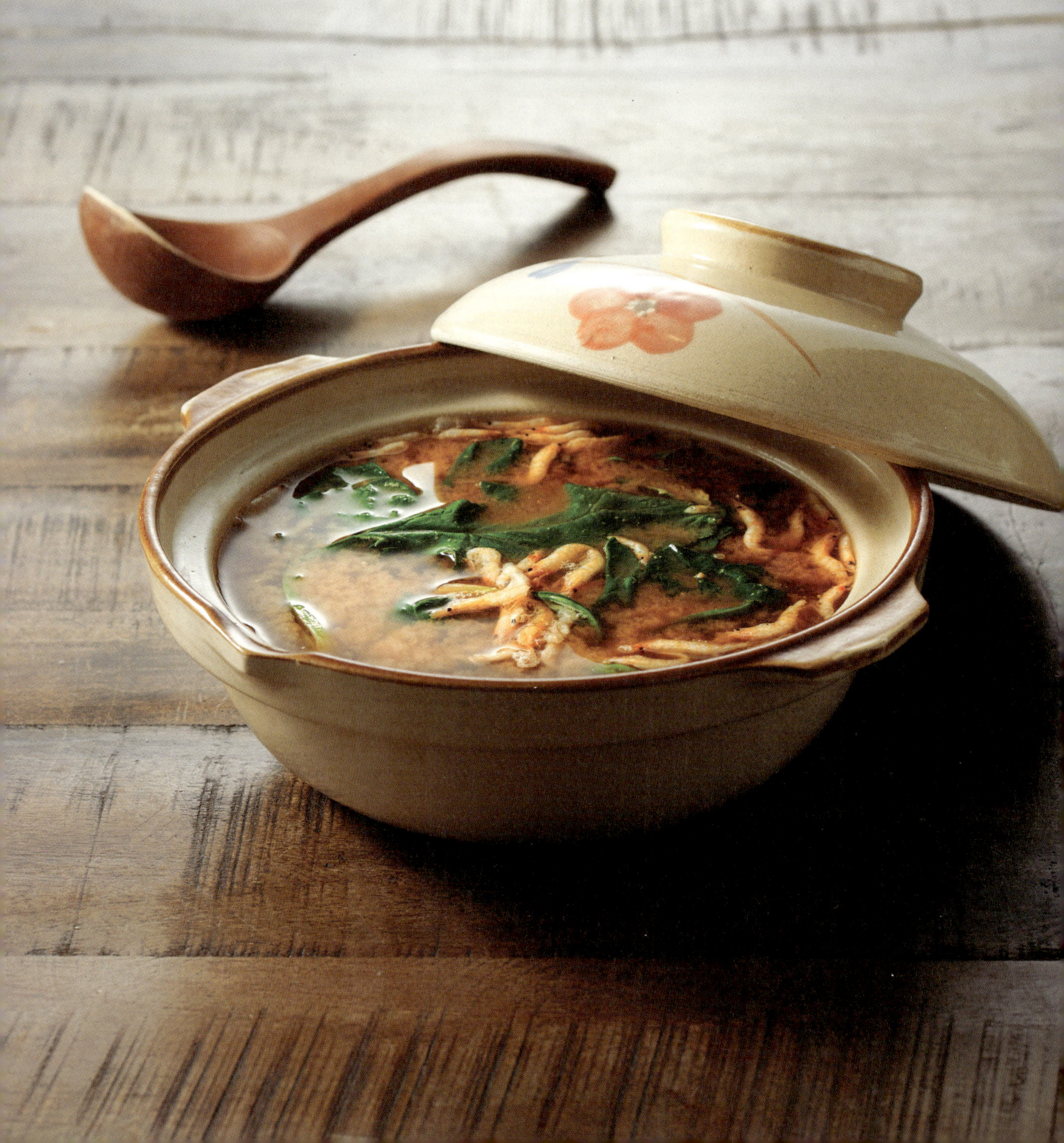

◗ **Ready**　　　　　　　　　　　　　　◆2인분

시금치 220g, 된장 2큰술, 물 4컵, 보리새우 2큰술, 다진마늘
약간, 국간장 약간

Tip 보리새우는 마른 팬이나 냄비에 볶은 후 사용
해야 잡내가 줄고, 비린 맛 없이 육수를 낼 수
있다. 또한, 볶음요리에 활용하면 고소하고 바
삭하게 즐길 수 있다.

◗ **Make to**　　　　　　　　　　　　　소요 시간 ◆ 17분

1 손질한 시금치, 보리새우, 다진마늘을 준비한다.

2 냄비에 보리새우를 먼저 넣고 볶다가 분량의 물
과 된장, 국간장, 다진마늘을 넣고 끓인다.

3 2가 끓어오르면 불을 낮추어 은근히 5분정도
더 끓인 후 손질한 시금치를 넣고 한소끔 끓여
준다.

4 된장국 맛이 배어날 때까지 은근히 끓여준다.

정재덕 셰프

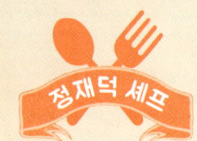

발효 된장 샐러드

발효식품인 된장을 이용해 간편하고 건강하게 먹을 수 있는 샐러드

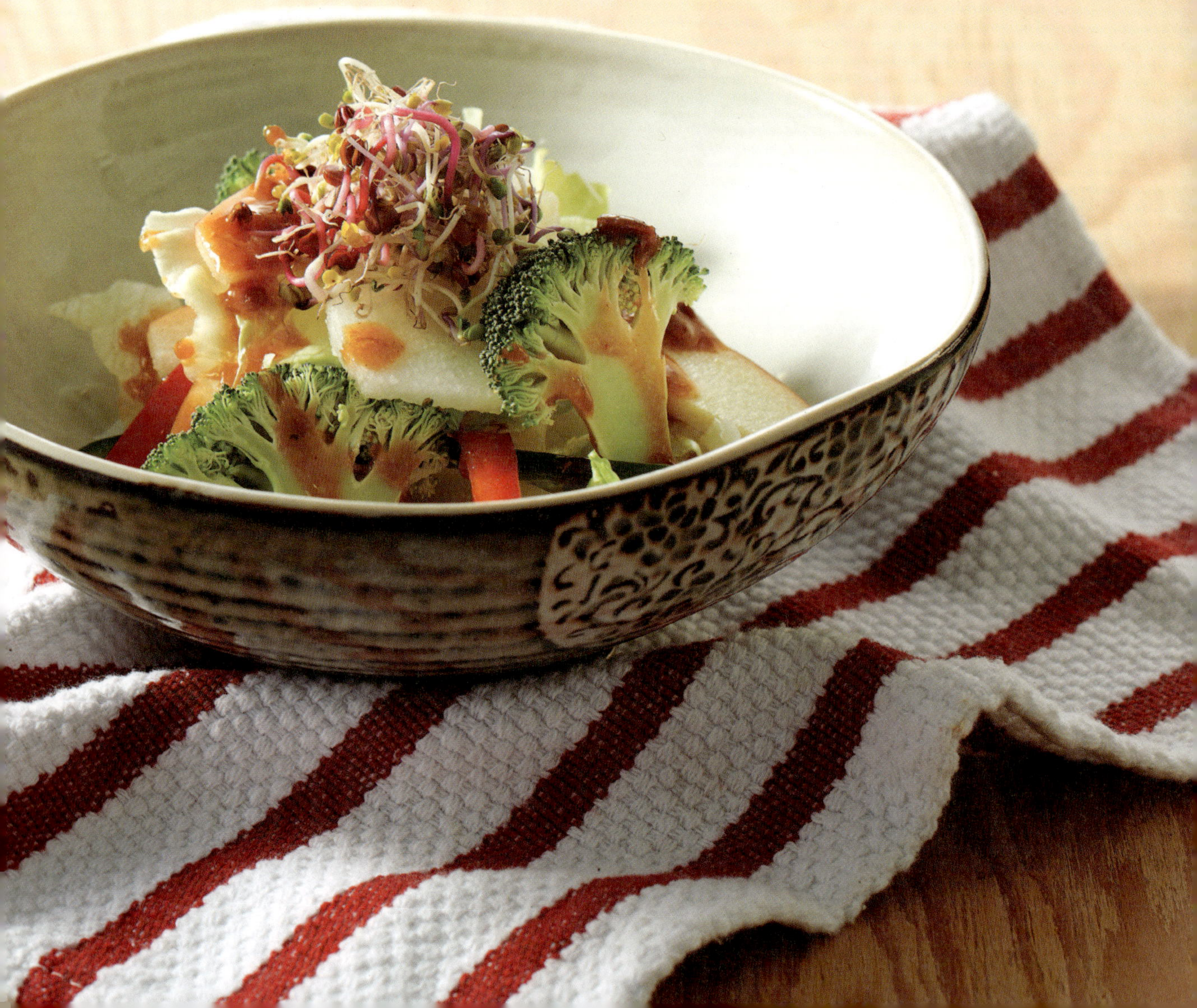

◖ Ready ◆ 1~2인분

양상추 1/4개, 브로콜리 1/4개, 파프리카 1/4개, 베이비싹 약간, 사과 1/2개, 배 1/2개

된장소스 재래식 된장 3큰술, 식초 2와 1/2큰술, 꿀 1큰술, 물엿 1큰술, 설탕 1/2작은술, 올리브유 1큰술

Tip 수용성 비타민이 풍부한 채소를 물에 오랜 시간 담가 놓으면 비타민이 파괴된다.

◖ Make to 소요 시간 ◆ 15~20분

1 채소는 깨끗하게 씻은 후 사과와 배는 0.3cm두께로 편 썰고, 브로콜리도 편 썰고, 파프리카는 채 썰어서 준비한다.

2 양상추는 손으로 뜯어서 물에 담가 아삭하게 살려둔다. 너무 오랜 시간 담그지 않는다.

3 편으로 썰어놓은 브로콜리를 끓는 물에 소금 1/2작은술을 넣고 데쳐서 찬물에 헹궈 놓는다.

4 분량의 소스 재료를 넣고 저어 준 후 체에 한번 받친다.

5 물기를 제거한 채소는 그릇에 담고 된장소스를 곁들인다.

아스파라거스 자몽 샐러드

상큼하고 쌉쌀한 자몽, 그리고 아삭하게 볶은 아스파라거스와
새콤달콤 드레싱의 특별한 만남

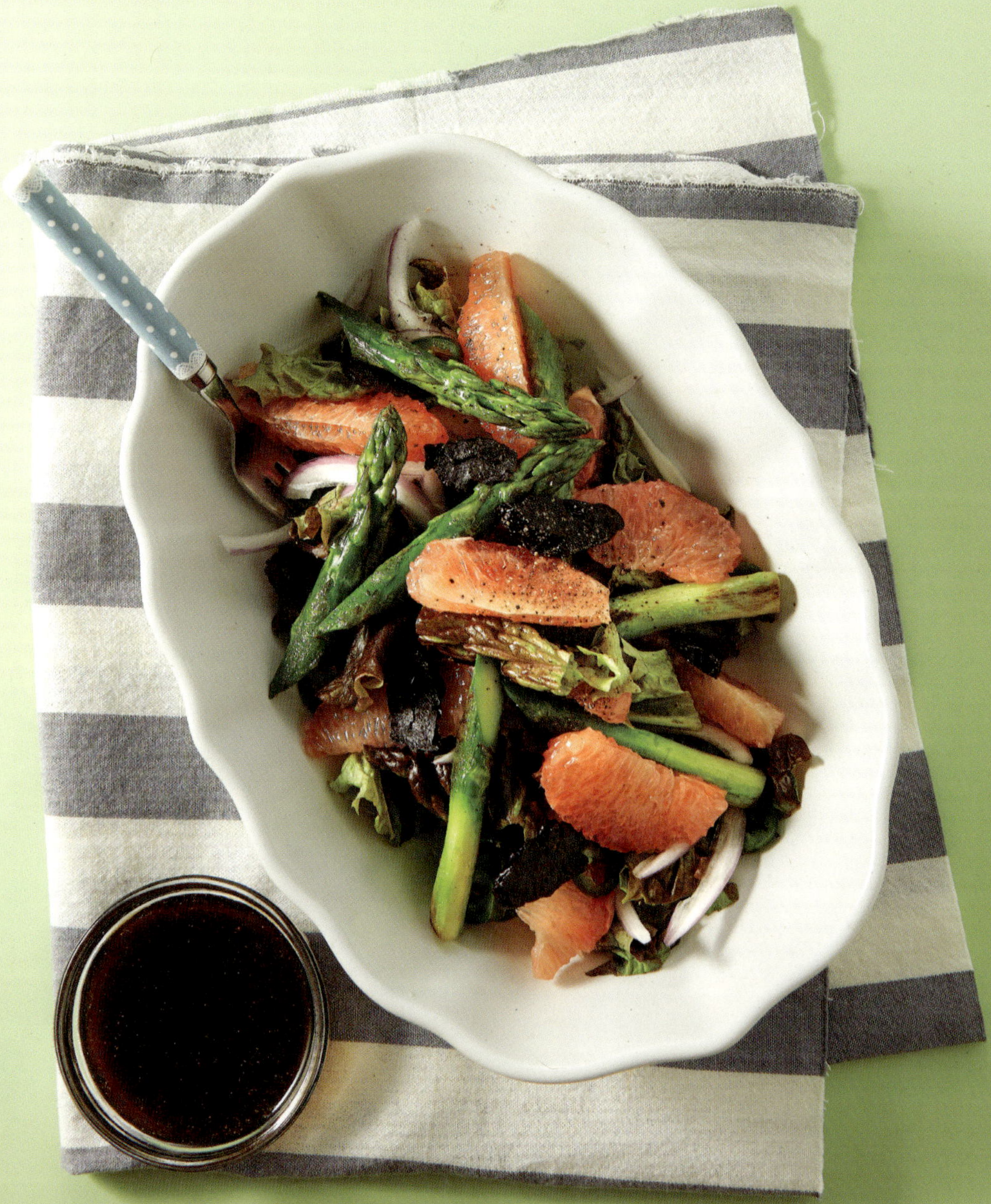

◖ Ready ◆2인분

아스파라거스 8개, 자몽 1개, 오이고추 2개, 적양파 1/8개, 꽃
상추 6장, 소금 약간, 후춧가루 약간, 식용유 적당량
소스(드레싱) 발사믹 비네거 1큰술, 통후춧가루 약간, 올리브
유 1큰술, 레몬즙 1/2큰술, 소금 약간

Tip 자몽은 껍질을 벗긴 후 안쪽에 한 개씩 떨어지
는 질긴 막 사이에 칼집을 넣어 과육만 떼어낸
다. 아스파라거스를 손질할 때는 단단한 밑둥
부분은 2cm 정도 잘라낸 후 필러로 껍질을 벗
겨 주어야 한결 먹기가 좋다.

◖ Make to 소요 시간 ◆ 15분

1 아스파라거스는 밑둥을 제거하고 껍질을 필러로
벗겨낸다. 자몽은 껍질을 제거하고 과육만 발라
서 준비한다.

2 분량의 재료들을 모두 골고루 섞어 드레싱을 만
든다.

3 달군 팬에 식용유를 두르고 아스파라거스를 넣
고 약간 노르스름하게 볶아낸 후 소금과 후추로
간을한다.

4 그릇에 꽃상추, 구운 아스파라거스, 자몽, 채 썬
적양파, 오이고추를 담고 드레싱을 곁들인다.

더덕드레싱 샐러드

더딕은 산삼과 어깨를 나란히 할 정도로 건강에 좋다.
혈당과 독소배출에 도움을 준다

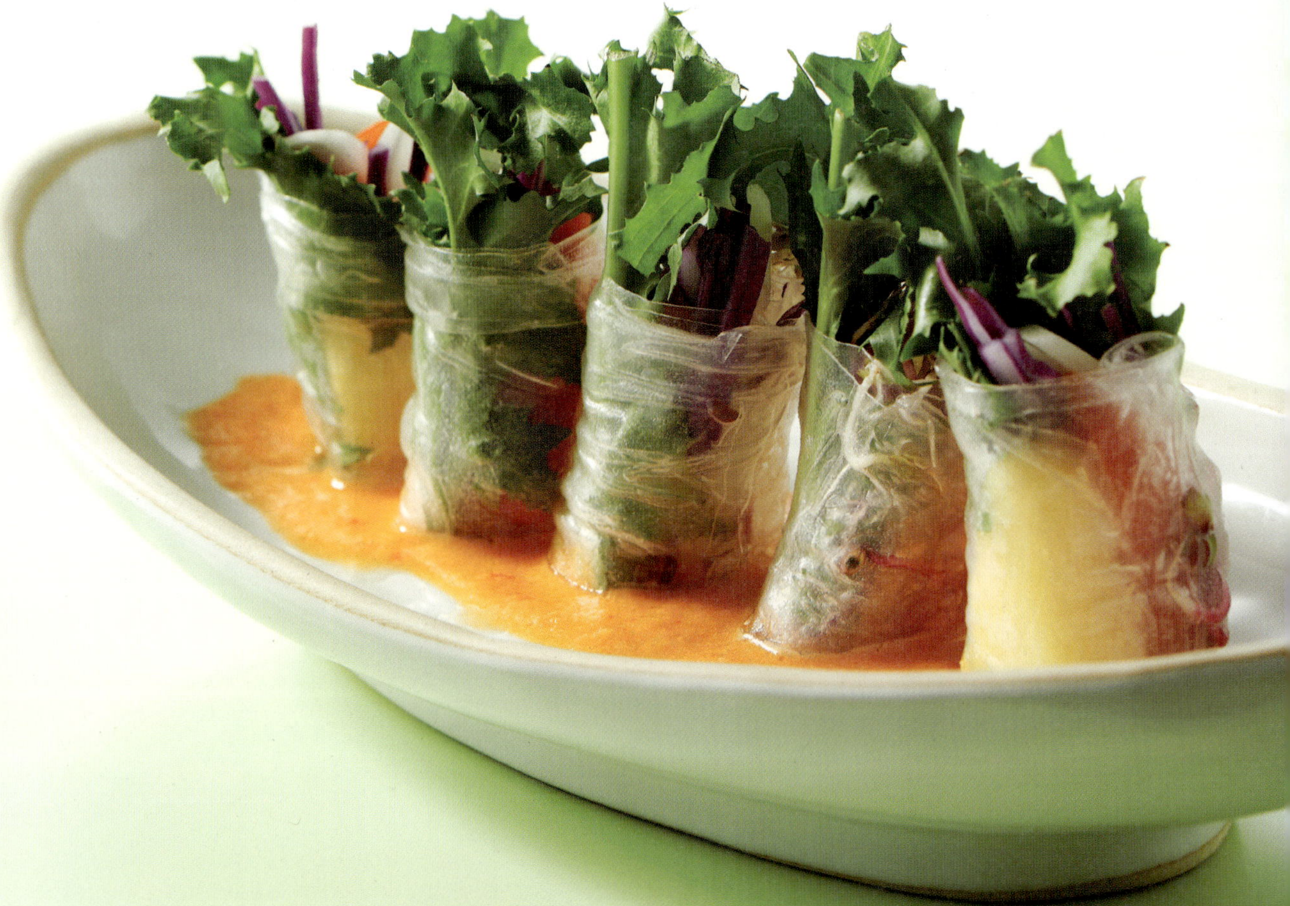

Tip 더덕소스를 만들어서 다른 채소와 함께 먹어도 잘 어울린다.

◖Make to 소요 시간 ◆30분

1 분량의 양파, 치커리, 오이, 적채를 썰어주고 파인애플과 방울토마토는 먹기 좋은 크기로 썰어 준비한다.

2 분량의 재료를 모두 섞어 소스를 만든다.

3 2의 소스를 갈아준다.

4 따뜻한 물에 라이스페이퍼를 10초동안 담그고 그 위에 준비한 재료를 넣고 말아서 먹기 좋게 자르고 접시에 담은 후 소스를 곁들인다.

가지 샐러리 생채

향긋한 샐러리와 붉은 빛깔의 매력적인 레디시에
시원한 배와 상큼한 겨자레몬소스를 곁들인 냉채

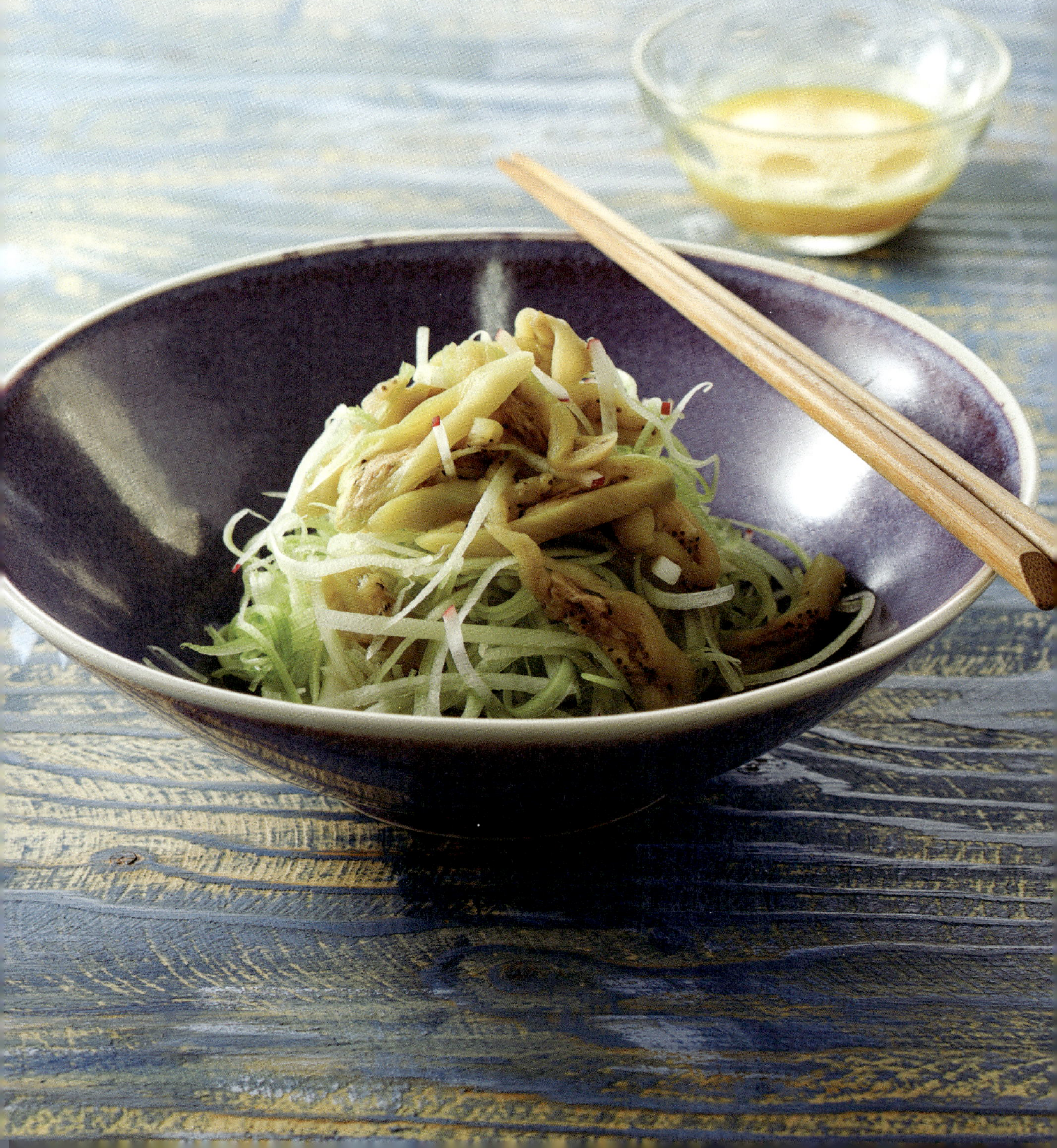

◖ Ready   ◆ 2인분

가지 2개, 레몬 웨지 1개, 샐러리 3줄기, 홀스레디시 2개, 배 1/4개
겨자 소스(드레싱) 연겨자 1/2큰술, 설탕 1큰술, 양조식초 2큰
술, 레몬즙 2큰술, 소금 약간, 잣가루 1/2큰술

생레몬즙을 짜서 겨자와 드레싱을 만들면, 겨
자의 매콤함이 중화되고 상큼함이 배가 된다.
샐러리와 홀스레디시는 가늘게 채 썰어 물에
담가 두면 강한 향과 맛이 중화된다.

◖ Make to   소요 시간 ◆ 20분

1 가지는 렌지에 2분 30초 돌린 후 껍질을 벗겨서
가늘게 썰고, 샐러리는 채칼로 가늘게 밀어 찬물
에 담가둔다. 배와 홀스레디시는 가늘게 채 썰어
준다.

2 분량의 재료들을 모두 골고루 섞어 겨자 드레싱
을 만든다.

3 그릇에 샐러리, 홀스레디시, 레몬 웨지, 배를 골
고루 담고 가지를 얹은 후 드레싱을 곁들여 완성
한다.

시금치 두부 들깨무침

시골집 된장과 들깨가루로 조물조물 고소하게 무쳐낸 들깨무침

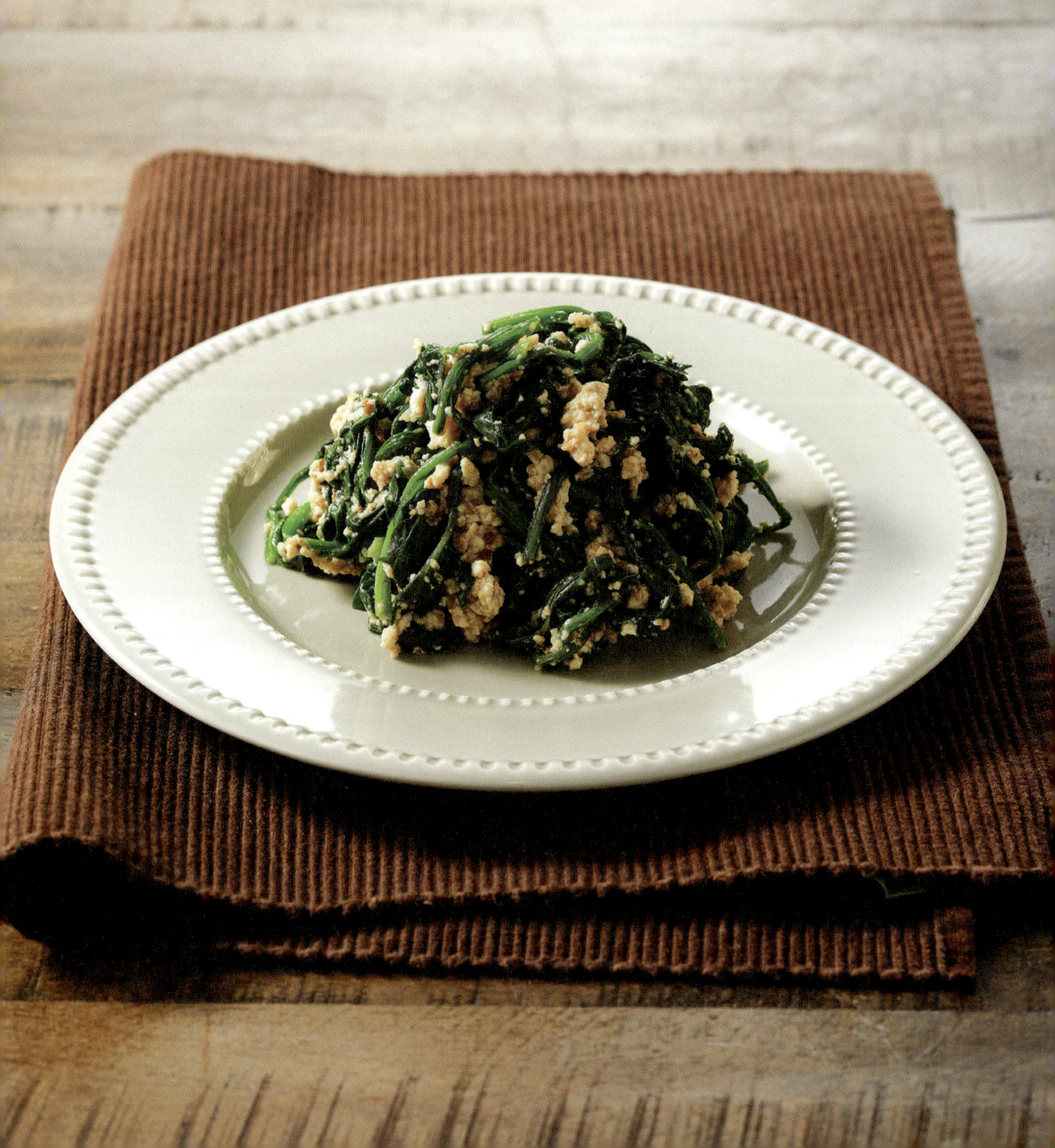

◖ **Ready** ◆ 2인분

두부 1/3모, 시금치 1/2단, 소금 약간
무침양념 된장 1큰술, 들깨가루 1큰술, 들기름 1/3큰술, 다진파
1/3큰술, 국간장 1/3큰술

Tip 시금치는 소금을 조금 넣고 끓는 물에 재빨리
데쳐야 색과 영양손실을 줄일 수 있고 물기가
약간 남아 있을 때 무쳐야 맛이 좋다.

◖ **Make to** 소요 시간 ◆ 10분

1 깨끗이 손질한 시금치와 두부
를 준비한다.

2 끓는 물에 소금을 약간 넣고
살짝 데친 다음 찬물에 식힌
후 물기를 빼준다.

3 두부는 끓는 물에 3분정도 데
친다.

4 데친 두부는 골고루 으깨어 면
포에 짜서 물기를 빼준다.

5 시금치, 으깬 두부와 분량의
무침양념을 넣고 버무려 완성
한다.

정재덕 셰프

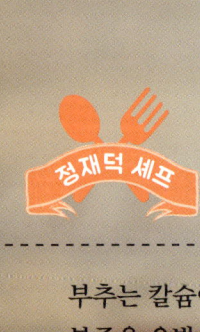

부추잡채

부추는 칼슘이 풍부하게 함유되어 있어서
부종을 유발하는 나트륨을 배출시켜 준다

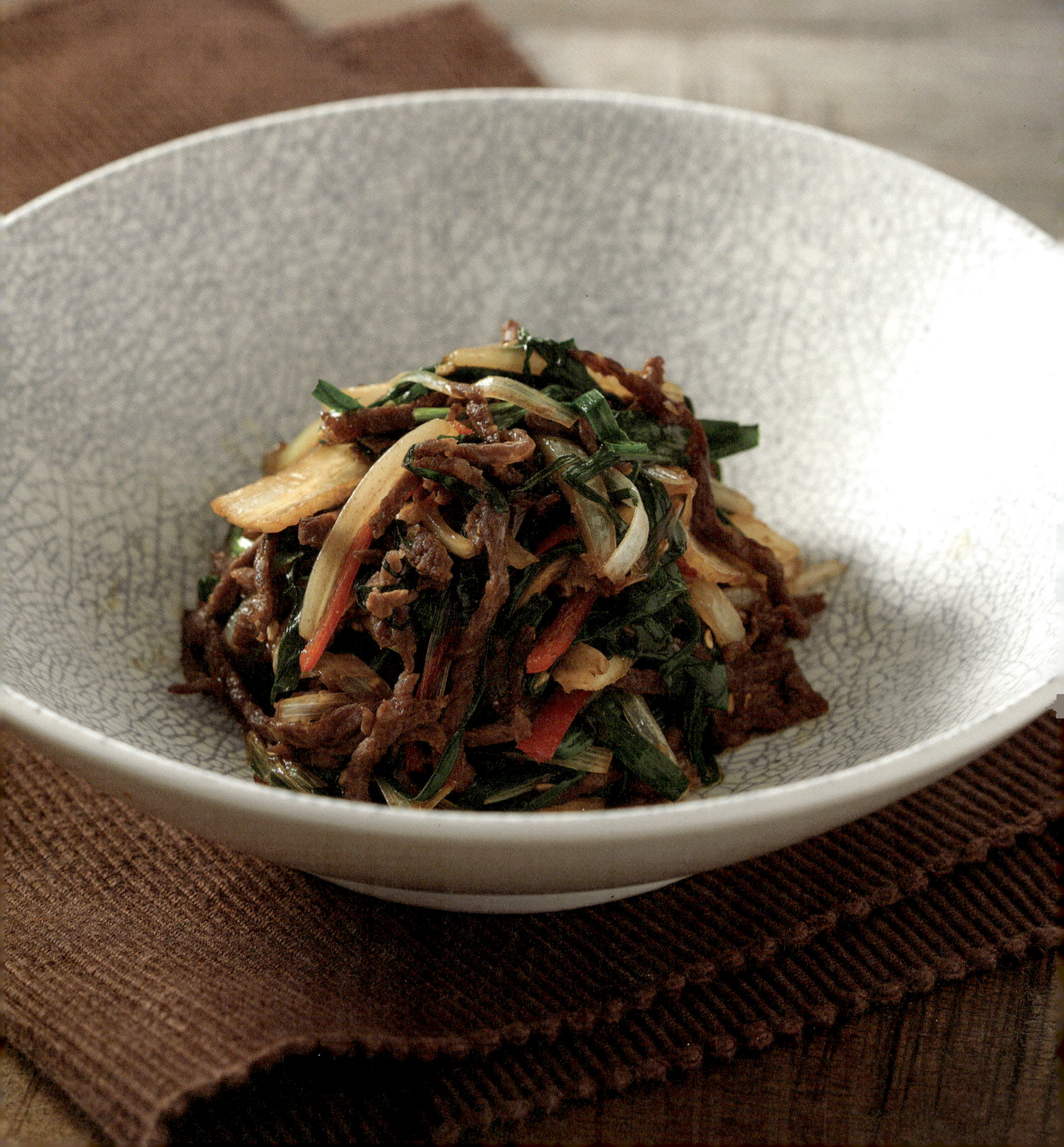

◖ **Ready**　　　　　　　　　　　　◆1~2인분

쇠고기 등심 200g, 부추 1/6단(50g), 양파 1/3개, 홍고추 1/2개, 식용유 1큰술, 굴소스 1큰술, 설탕 한 꼬집
등심양념 간장 1/2큰술, 설탕 1/4큰술, 다진생강 1/2작은술, 후춧가루 약간, 참기름 1작은술, 다진마늘 1/2큰술

Tip　부추잡채는 전분으로 농도를 맞추어 덮밥으로 먹어도 좋다.

◖ **Make to**　　　　　　　　　　　　소요 시간 ◆ 30분

1　부추, 양파, 홍고추는 4~5cm로 채 썰어 준다.

2　분량의 등심양념 재료를 만들어 등심에 절인 후 살짝 볶아준다.

3　2에 부추, 양파, 채 썬 홍고추를 함께 볶아준다.

4　채소와 쇠고기 등심을 볶다가 굴소스 1큰술과 설탕 한 꼬집을 넣은 후 한번 더 볶아서 그릇에 담아낸다.

쇠고기 채소볶음

쇠고기를 채소와 함께 먹으면 소화흡수율을 도와
더욱 건강하게 즐길 수 있다

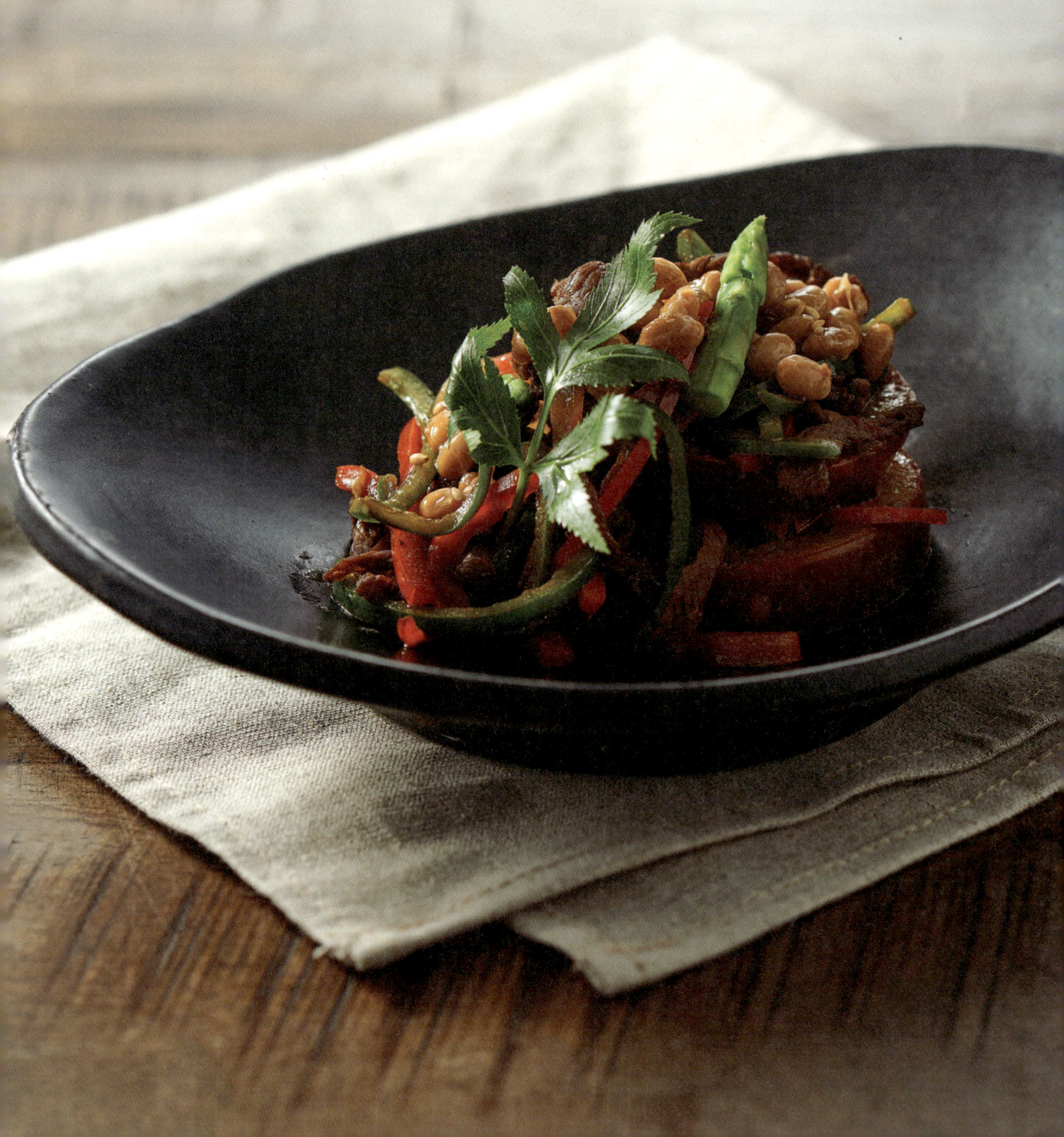

Tip 토마토는 적당하게 구워야 영양소가 더 높아
진다.

◀ Make to 소요 시간 ◆ 25분

1 토마토는 슬라이스하고 아스파라거스는 4cm로
자른 후 쇠고기 안심, 청·홍피망, 양파를 채 썰어
놓는다.

2 슬라이스한 토마토는 프라이팬에 굽고 분량의
재료를 섞어서 쇠고기 안심에 양념을 한다.

3 양념한 쇠고기 안심을 볶다가 채소를 넣고 함께
볶으면서 약간의 소금으로 간한다.

4 구운 토마토를 접시에 깔고 볶은 쇠고기 안심과
채소를 올리고 나또도 함께 담아낸다.

135

가지표고 강정

쫄깃하고 부드러운 가지와 표고버섯의 식감을
그대로 즐길 수 있는 매콤새콤한 강정 요리

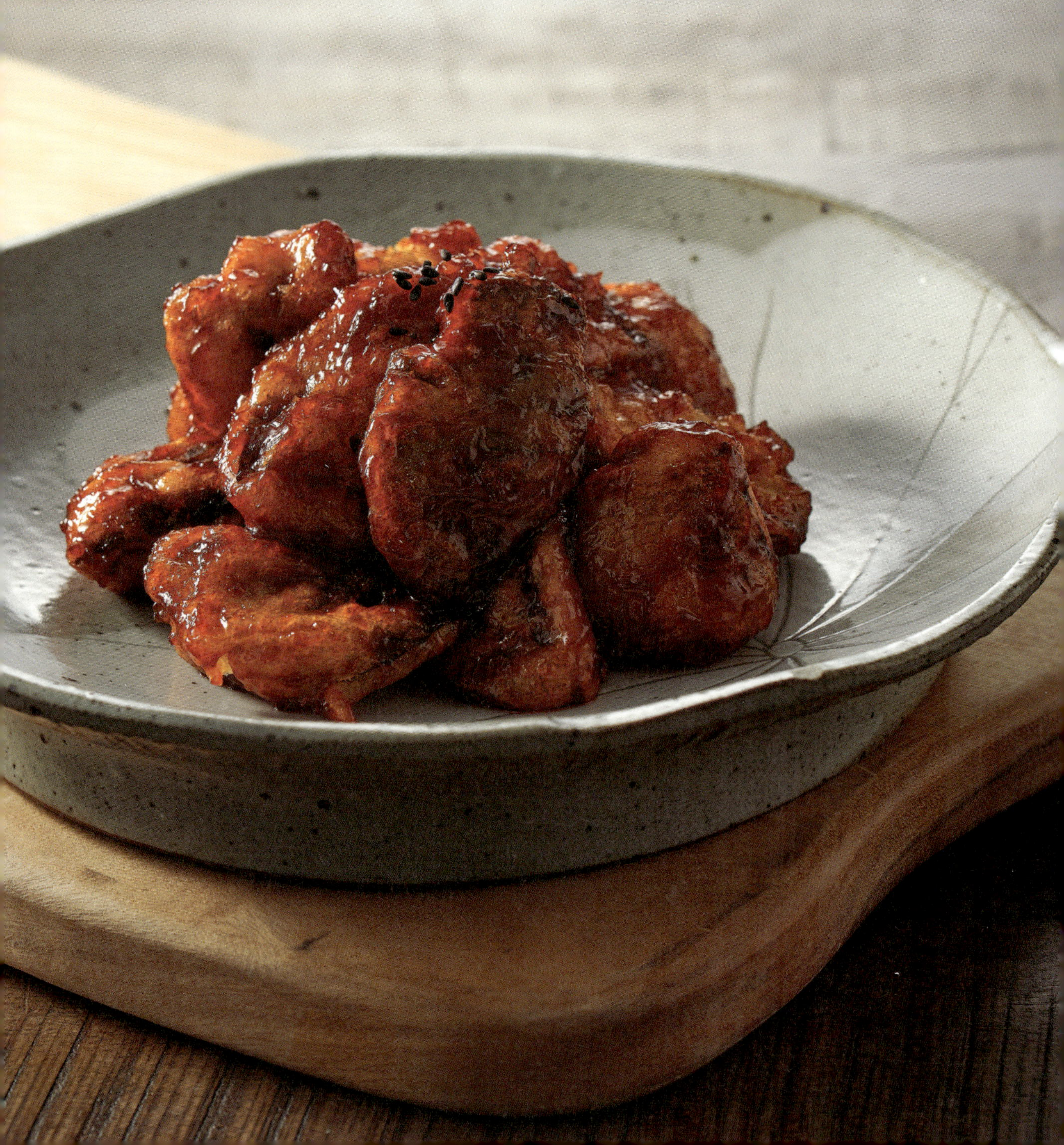

◖ **Ready** ◆2인분

가지 1과 1/2개, 표고버섯 6개, 감자전분 4큰술, 물 3큰술, 흑임
자 약간, 포도씨유 약간
강정 양념 다진마늘 1/3큰술, 다진생강 약간, 양조간장 1/3큰술,
고추장 1/3큰술, 설탕 2/3큰술, 물엿 1/3큰술, 청양고춧가루
1/3큰술

Tip 가지와 표고의 튀김옷은 가루전분이나 물전분
둘 다 사용 가능하다.

◖ **Make to** 소요 시간 ◆18분

1 가지와 표고버섯은 한입 크기
로 썰어서 준비한다.

2 분량의 재료를 모두 골고루 섞
어서 강정 양념을 만든다.

3 전분에 물을 넣어 반죽을 만들고
가지와 표고버섯을 전분과 섞어
표면에 고르게 무친다.

4 반죽 옷을 입힌 가지와 표고버
섯을 170도 정도의 기름에 두
번 튀긴다.

5 튀긴 가지와 표고버섯에 강정
양념을 넣고 잘 버무려 익혀
낸다.

시금치 멸치 볶음

칼슘의 왕 별치와 견과류의 고소함에 시금치를 곁들여
촉촉하고 부드러운 맛과 영양의 조화

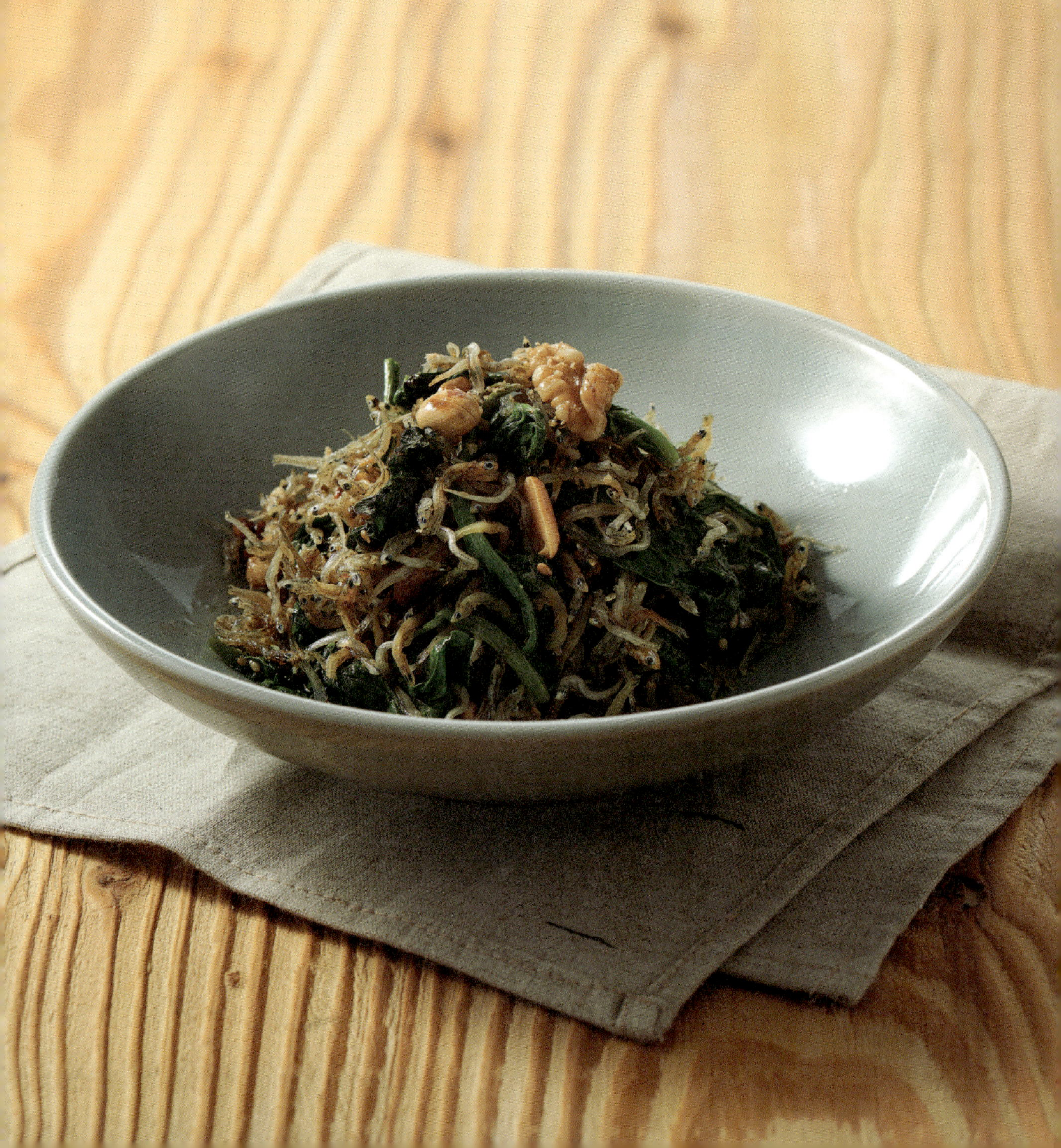

Tip 멸치는 마른 팬에 볶아 주어야 비린 맛이 날아가며, 많이 비린 경우에는 정종 1큰술 정도 넣고 볶아준다. 멸치에 따라 짠맛이 다르므로 너무 짠 멸치는 물에 불려서 짠맛을 빼고 볶는다.

◖ Make to 소요 시간 ◆ 15분

1 시금치는 깨끗이 씻어서 준비하고, 멸치는 잔가루가 없도록 털어서 준비해 둔다.

2 분량의 재료를 모두 섞어서 볶음간장을 만들어 준비한다.

3 마른 팬에 멸치를 살짝 볶은 후 땅콩, 호두, 잣을 넣고 볶는다. 여기에 **2**의 볶음 간장을 넣고 볶다가 시금치를 넣고 숨만 죽도록 볶고 불을 끈다.

4 참기름과 통깨를 넣고 버무려 완성한다.

영양 뿌리채소 찜

부드러운 뿌리채소의 풍부한 영양으로
가족 건강을 챙길 수 있는 요리

◖ **Make to**   소요 시간 ◆ 15~20분

1 단호박, 감자, 고구마, 장마, 연근은 1.5cm로 깍둑썰기 한다.

2 끓는 물에 소금을 넣고 손질한 브로콜리를 30초간 데친 후 찬물에 헹궈준다.

3 단호박, 감자, 고구마, 장마, 연근을 김이 오른 찜 솥에 10여 분간 쪄준다.

4 은행은 프라이팬에 노릇노릇하게 볶아서 키친 타올에 비빈 후 껍질을 제거해 준다.

5 10여분간 찐 뿌리채소와 은행, 브로콜리를 섞어서 그릇에 담아준다.

통가지 찜

가지의 안토시아닌 성분인 '나스닌'에는
활성산소를 억제하는 성분이 많이 들어있고,
비타민C와 비타민E의 함유량이 높아 암 예방에 도움을 준다

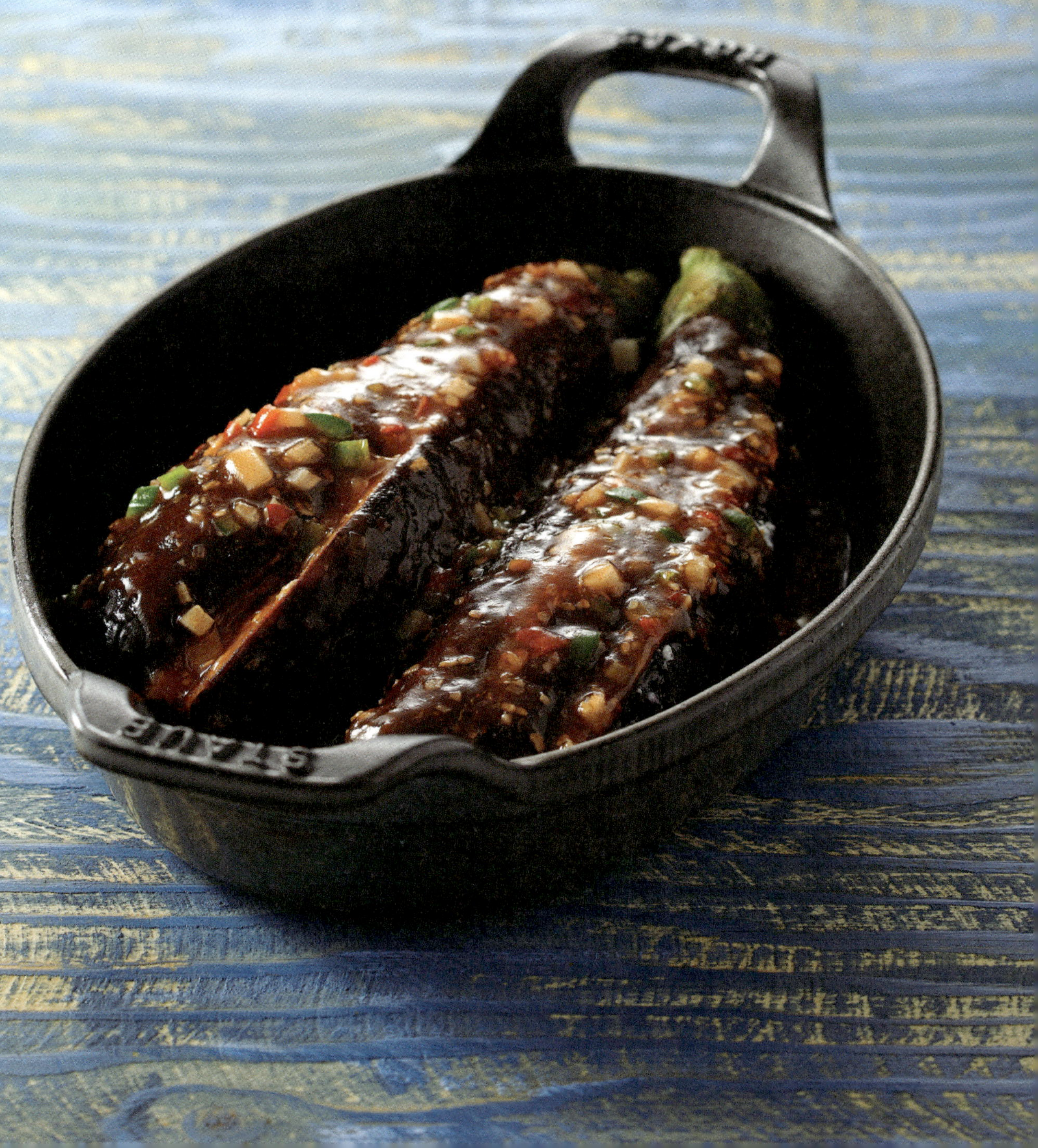

가지를 먹기 좋게 자른 후 팬에 구워서 소스를
뿌려 먹어도 좋다.

◖ Make to   소요 시간 ◆ 25분

1 분량의 소스재료를 넣고 끓이
다가 전분으로 농도를 맞춘다.

2 깨끗하게 씻은 가지는 4등분
으로 자른다.

3 4등분한 가지에 전분가루를
골고루 무쳐준다.

4 **3**의 가지를 김이 오른 찜 솥에
10여분 쪄준다.

5 10여분간 찐 가지는 **1**의 소스
를 뜨거운 상태에서 부어준다.

오렌지 비트 샐러드

다양한 채소과의 과일로 개운함과 드레싱의 매콤함을
함께 즐길 수 있는 샐러드

Tip 연근의 다른 식감과 맛을 원할 때는 약 불의 기
름에 살짝 튀겨서 곁들여도 좋다. 연근은 자르
면 단면이 검게 변하므로 찬물에 담그거나 식
초물에 담근다.

◖ Make to 소요 시간 ◆ 15분

1 오렌지는 껍질을 벗기고 원형으로 썰고, 연근과
비트는 얇게 슬라이스 한다.

2 연근은 끓는 물에 살짝 데쳐서 찬물에 헹궈 물기
를 빼준다.

3 분량의 재료들을 골고루 섞어 드레싱을 만든다.
(참깨와 흑임자를 곱게 갈아서 넣어준다.)

4 준비된 채소들과 오렌지, 비트, 연근, 건자두를
골고루 섞어 담고, 드레싱을 곁들여 완성한다.

버섯류

모양도 제각각,
그래도 건강에는 굿!

버섯은 비싸다고 효능이 좋은 것은 아니다. 어떤 버섯이든 몸에

도움이 된다. 다만 산에서 들에서 모양이 예쁘다고 마구 채취해

먹는 것은 위험하다. 식감과 모양새로 눈까지 즐겁게 하는버섯은

어떤 재료와도 잘 어울린다.

버섯 연두부죽

담백하고 고소한 연두부와 향긋한 표고버섯을
이용해 만든 건강한 특식

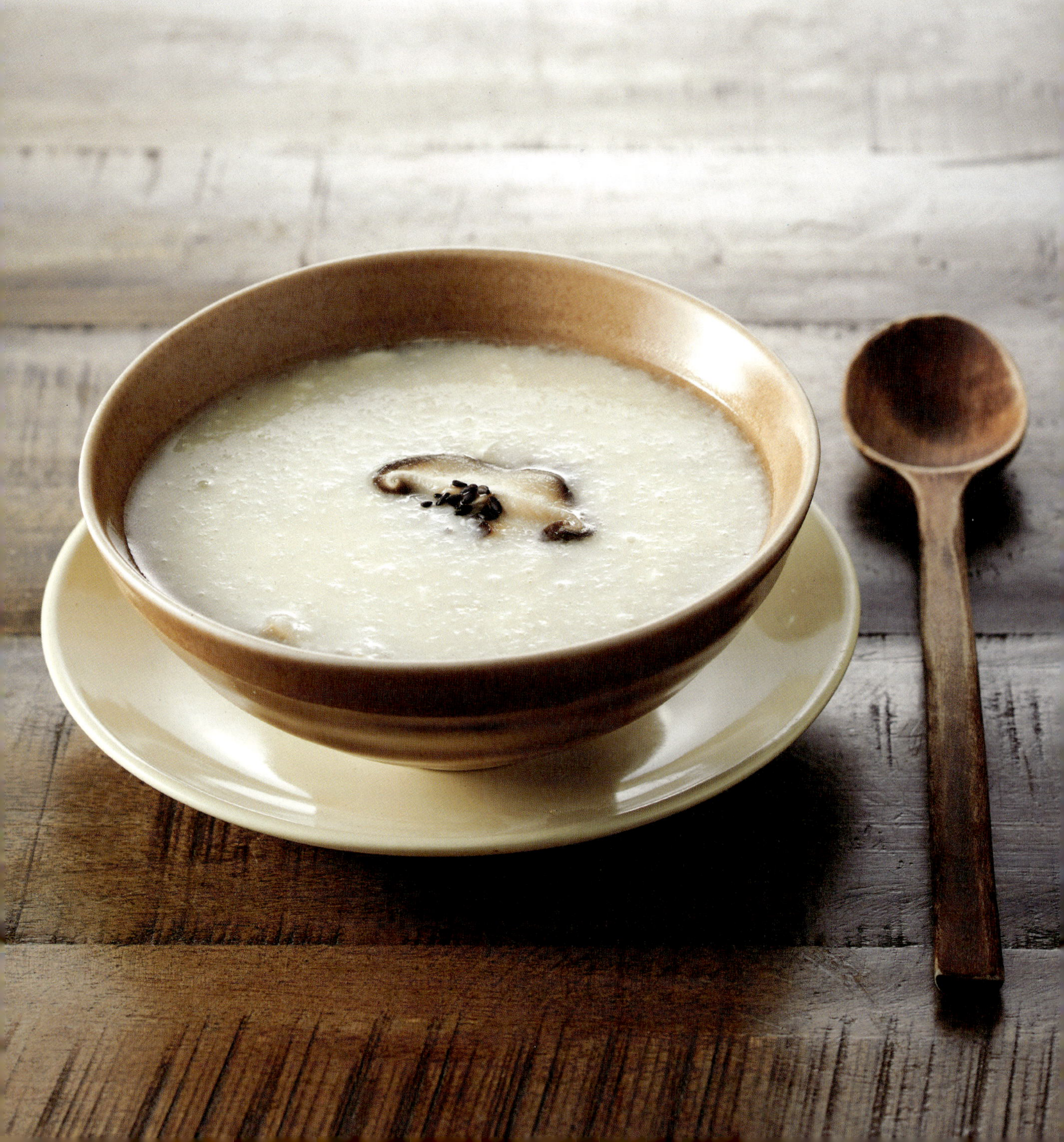

◖ Ready ◆ 2인분

연두부 1모, 불린 건표고버섯 3개, 밥 2공기, 참기름 1/3큰술,
물 6컵, 소금 약간, 국간장 약간

Tip 죽을 끓이기 전에 물과 불린 멥쌀을 넣고 거칠
게 갈아서 끓여도 좋다. 취향에 따라서 거칠거
나 곱게 갈아 식감을 조절할 수 있으며, 넣는
재료에 따라 다양한 맛과 영양을 더할 수 있다.

◖ Make to 소요 시간 ◆ 18분

1 불린 건표고버섯을 다지고, 밥과 연두부를 준비
한다.

2 달군 냄비에 참기름을 두르고, 불린 건표고버섯
을 넣고 볶다가 물과 밥을 넣고 끓인다. 끓어오
르면 국간장을 넣고 중 불로 중간중간 저어가며
8~10분간 끓인다.

3 연두부를 넣고 한소끔 끓인 후 간을 한다. 불을
끄고 갈아준다.

모듬버섯밥

자연이 주는 특별한 선물, 버섯의 향과 맛을
고스란히 듬뿍 담아 만든 영양 모듬버섯밥

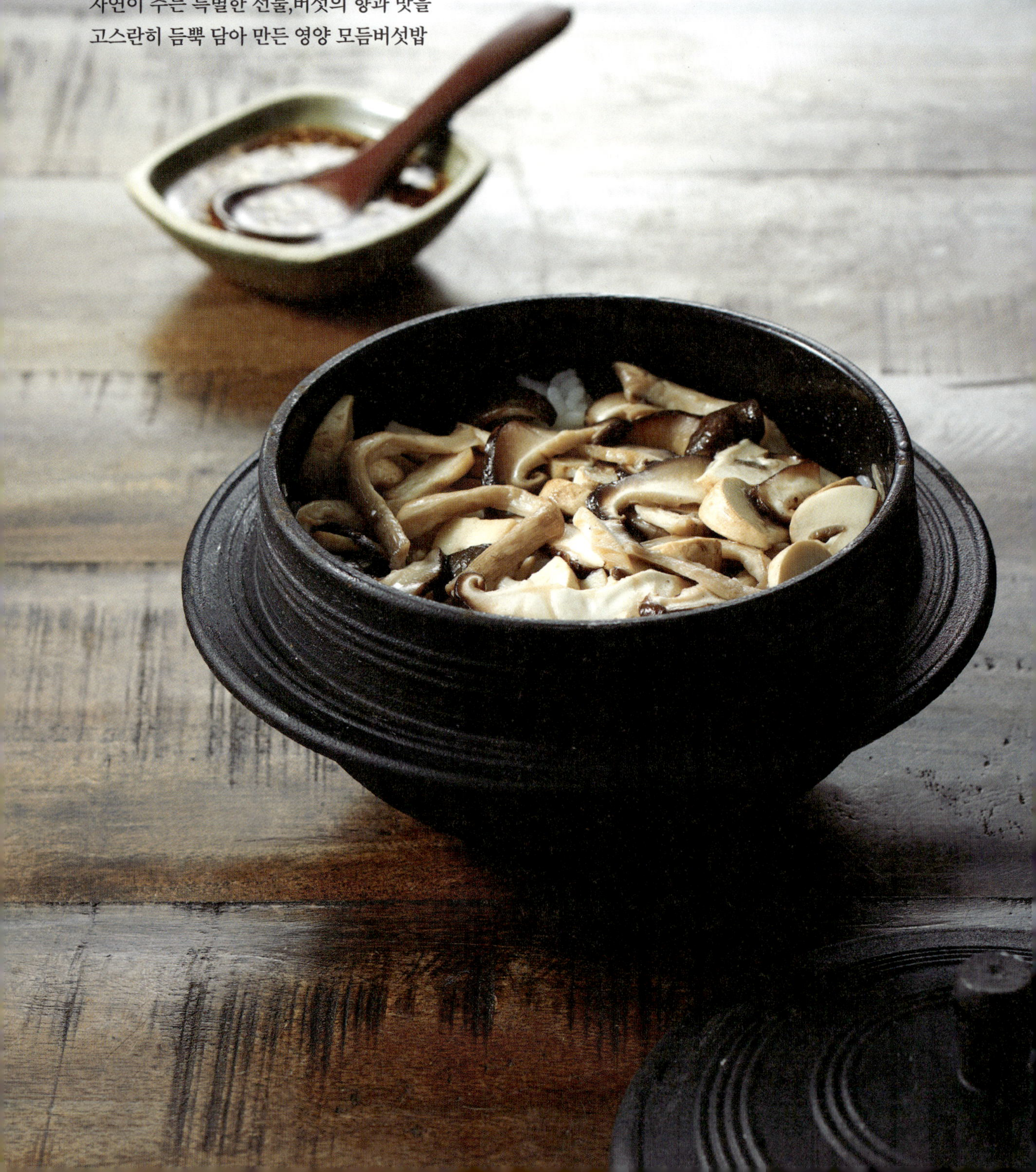

◖ **Ready**　　　　　　　　　　　　　　　　◆ 2인분
양송이버섯 100g, 표고버섯 70g, 느타리버섯 100g, 쌀 2컵,
물 2와 1/2컵
비빔 양념장 양조간장 2큰술, 으깬 깨소금 1/3큰술, 참기름 1과
1/3큰술, 설탕 약간, 고춧가루 약간, 다진대파 1큰술, 다진마늘
1/3큰술

Tip 쌀은 깨끗이 씻어 30분 정도 불려서 사용한다.
밥을 지을 때 버섯들은 표면에 붙어있는 흙과
먼지를 털어내고 흐르는 물에 씻어 바로 넣는
다. 다시마 한 장을 같이 넣으면 감칠맛이 상승
하는 효과가 있다.

◖ **Make to**　　　　　　　　　　　　　　　소요 시간 ◆ 25분

1 표고버섯과 양송이버섯은 먹기 좋은 크기로 썰고,
느타리버섯은 찢어준다. 쌀은 불려서 준비한다.

2 분량의 재료들을 모두 골고루 섞어 비빔 양념장
을 만든다.

3 불린 쌀을 두꺼운 냄비에 넣고 물을 부은 후 손
질한버섯을 넣고 뚜껑을 닫고 끓인다. 끓어오르
면 중 불로 낮추어 10분 정도 더 끓여준다.

4 3의 밥이 다되면 10분 정도 뜸을 들인 후 마무리
한다.

이건호 셰프

버섯 인삼 들깨탕

들깨향이 입맛을 사로잡고, 영양 가득한 비섯이
듬뿍 들어있어 건강까지 챙겨주는 고소한 맛의 향연

 **Tip.** 느타리버섯, 표고버섯, 송이버섯은 살짝 데쳐서 볶거나 바로 들깨탕에 넣어도 담백하고 맛있게 즐길 수 있다. 찹쌀가루는 익으면서 국물을 진하게 만드므로 농도에 주의한다.

◖Make to 소요 시간 ◆ 20분

1 인삼은 깨끗이 손질하여 원형모양으로 가늘게 채 썰고, 느타리버섯, 표고버섯, 미니 새송이버섯은 한 입 크기로 잘게 썰어서 준비한다.

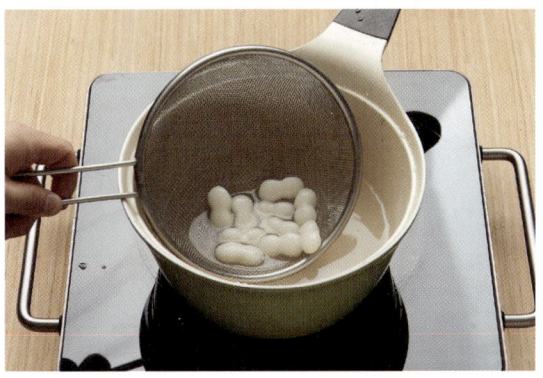

2 끓는 물에 조랭이떡을 데쳐낸 후 찬 물에 식혀서 건져내고 들기름을 약간 발라준다.

3 버섯은 들기름에 볶고, 물과 진간장을 넣어 끓인다. 여기에 들깨가루와 찹쌀가루를 풀어준다. 들깨탕의 농도가 날 때까지 저어 주면서 끓인다.

4 걸쭉하게 완성되면 인삼과 조랭이떡을 넣어 한소끔 끓인 후 실파를 얹어 완성한다.

깻잎 들깨탕

들깨가루는 콜레스테롤 제거와 암세포 증식을 억제하는데 도움을 주며
식감이 부드러워서 어린아이와 노약자에게도 좋다

◖Ready ◆2~3인분

깻잎 8장, 표고버섯 1개, 백만송이버섯 5줄기, 양송이버섯 3개, 새
송이버섯 1개, 미나리 7~8줄기, 홍고추 1/2개, 통들깨 1컵(들깨가
루 2큰술), 찹쌀가루 1/2컵, 국간장 1큰술, 항암육수 5컵(220페이
지 참고)

Tip

들깨가루를 이용하는 것도 좋지만 통들깨를
갈아서 사용하는 게 더 고소하다. 견과류를 넣
어서 먹으면 아이들 두뇌발달에 도움을 주며,
몸에 쌓인 독소를 배출시켜 준다.

◖Make to 소요 시간 ◆30분

1 버섯은 먹기 좋은 사이즈로 슬라이스 해놓고, 미
나리는 세척하여 4cm로 자르고, 깻잎은 4등분
해준다. 홍고추는 씨를 제거하고 4cm로 채 썰어
준다.

2 손질된 버섯은 냄비에 들기름 1/2큰술을 두르고
국간장 1큰술을 넣은 후 살짝 볶아준다.

3 믹서기에 통들깨 1컵과 항암육수 5컵을 붓고 갈
아준다. 갈아놓은 통들깨는 체에 걸러서 **2**의 냄
비에 부어 끓여준다.

4 **2**의 냄비가 한번 끓어오르면 손질된 미나리와
깻잎, 홍고추를 넣고 찹쌀가루 1/2컵으로 농도를
맞추어 준다.

능이버섯 무국

정재덕 셰프

버섯 중에서 식재료로 가장 훌륭한 능이버섯은 향버섯이라고 부르기도 하며,
혈액을 맑게 하고 심신을 안정시키는 역할을 한다

◖ Ready ◆ 2~3인분

능이버섯 4~5개, 무 1/4개, 불린 능이버섯 물 5컵, 국간장 2큰
술, 들기름 1/2작은술

 **Tip** 능이버섯은 밑 부분에 흙이 많기 때문에 세척
을 깨끗하게 한다.

◖ Make to 소요 시간 ◆ 15~20분

1 능이버섯은 30분간 불린 후 채 썰고, 무는 1.5~
2cm로 깍둑썰기 한다.

2 냄비에 들기름을 두르고 무를 넣어 볶아준다.

3 무를 볶다가 채 썰어놓은 능이버섯도 함께 넣어
서 볶아준다.

4 불린 능이버섯 물 5컵을 붓고 끓이다가 국간장 2
큰술을 넣고 간한 뒤 한번 더 끓인다.

연근버섯 장조림

짭조름한 간장의 맛이 쏙 배인 부드럽고 쫄깃하며
아삭한 식감을 가진 영양 장조림

◖ **Ready**   ◆ 2인분

작은 연근 1개, 불린 건표고버섯 4개, 꽈리고추 5개, 통마늘 2개, 삶은 메추리알 10개(또는 삶은 달걀 2개)
조림장 물 4컵, 양조간장 1컵, 설탕 1/2컵(100g), 매실액 1큰술, 백물엿 2큰술

Tip 장조림에 꽈리고추를 넣어주면 장조림 국물의 맛이 깊고 감칠맛도 좋아진다. 연근은 너무 조리거나 익히면 식감이 나빠지므로 주의한다.

◖ **Make to**   소요 시간 ◆ 25분

1 꽈리고추는 꼭지를 떼고 불린 건표고버섯, 통마늘, 삶은 메추리알을 준비하고, 연근은 껍질을 벗긴 후 씻어서 1cm두께로 썬다.

2 분량의 재료를 모두 섞어서 조림장을 만든다.

3 냄비에 조림장, 연근, 통마늘을 넣고 끓인다. 끓어오르면 불을 낮추고 끓이다가 꽈리고추와 표고버섯을 넣고 자작하게 졸인다.

모듬버섯 냉이잡채

버섯의 맛과 냉이의 향을 제내로 즐길 수 있는
맛있고 건강한 모듬버섯 냉이잡채

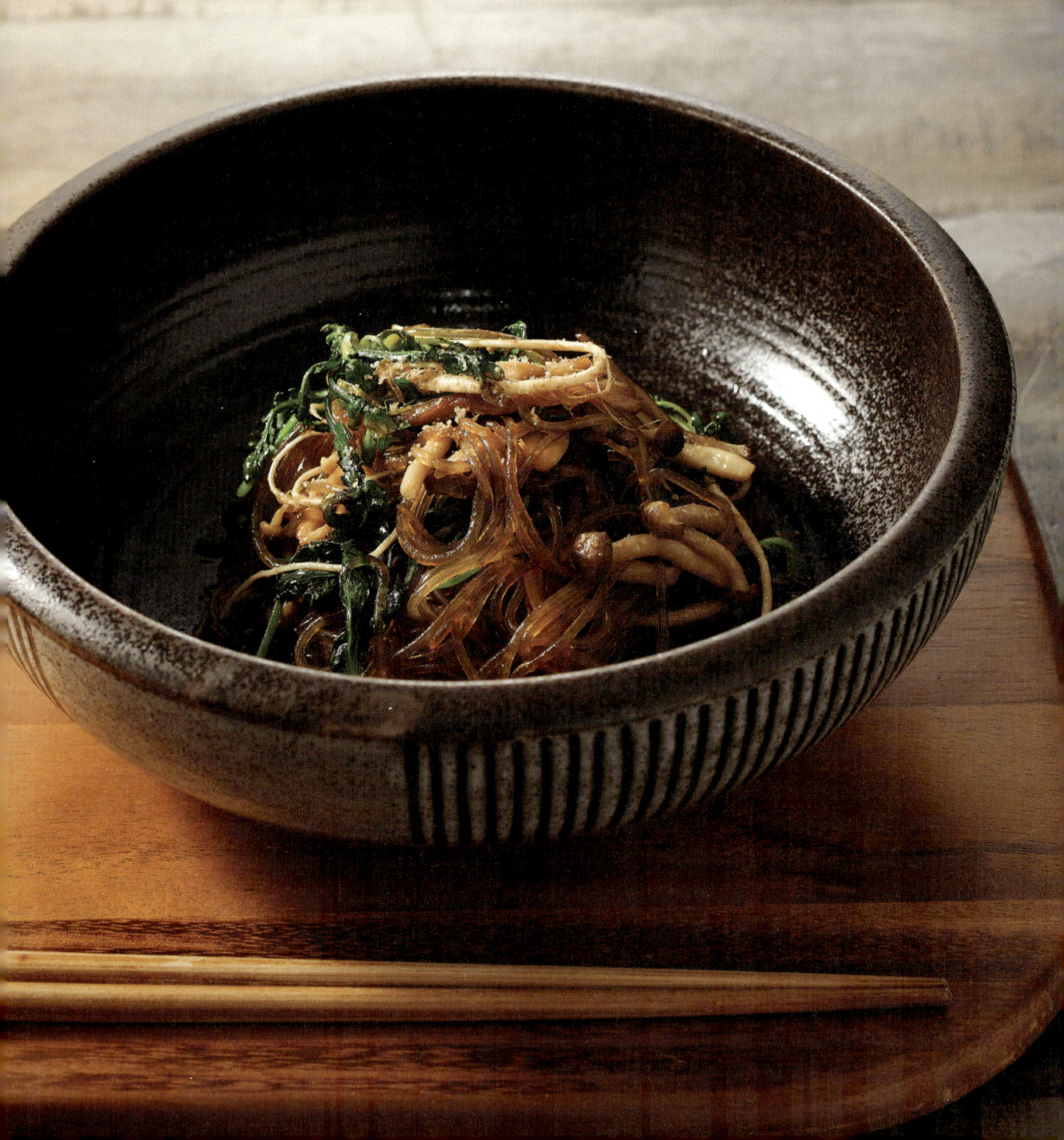

◖ Ready ◆2인분

불린 당면 200g, 냉이 한 줌(40g), 깨소금 약간, 느타리버섯 30g, 팽이버섯 30g, 만가닥버섯 25g, 참나물 45g
잡채 볶음양념 양조간장 2큰술, 포도씨유 1큰술, 들기름 1큰술, 깨소금 1/3큰술

Tip 냉이는 마지막에 넣어야 향긋하게 먹을 수 있고, 손질할 때 시든 잎을 먼저 떼어내고 뿌리와 잎 사이의 지저분한 부위를 잘 긁어내며 잔뿌리를 손질하여 깨끗이 씻어내는 것이 좋다.

◖ Make to 소요 시간 ◆18분

1 느타리버섯은 얇게 찢고, 팽이버섯은 5cm길이로 자른다. 냉이와 참나물은 깨끗이 손질하여 준비한다.

2 분량의 재료를 모두 섞어서 볶음양념을 만들어 준비한다.

3 끓는 물에 냉이를 1분간 데쳐서 건져낸다.

4 불린 당면은 물에 삶아 투명해지면 건져낸다.

5 팬에 기름을 약간 두르고 버섯을 살짝 볶는다. 여기에 당면과 볶음양념을 넣고 센 불에서 간이 잘 배이도록 볶아낸다.

6 5에 참나물과 냉이를 넣고 숨이 죽도록 볶은 후 마무리한다.

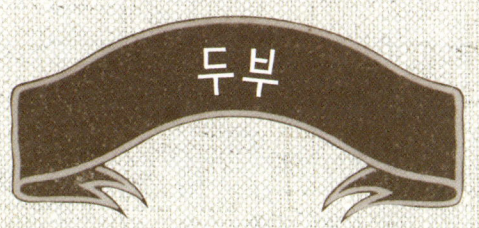

두부

단백질과 함께
언제나 고소한

두부는 그냥 먹어도 맛있지만, 지지거나 다른 재료와 곁들여 먹으
면 더욱 고소함이 배가된다. 두부를 먹을 때 핵심은 두부의 고소
함을 잃지 않으면서 다양한 맛과의 조화를 느껴보는 것이다.

이건호 셰프

맑은 바지락 순두부찌개

시원하고 개운한 국물 맛에 청양초의 칼칼함과
담백하고 부드러운 순두부의 고소한 맛이 잘 어우러진 순두부찌개

◖ Ready ◆2인분

바지락 160g, 순두부 200g, 물 2와 1/2컵, 양파 1/6개, 대파
1/3개, 청양고추 30g, 식용유 약간

순두부 양념 국간장 1/2큰술, 다진마늘 약간, 진간장 1/3큰술, 소금
약간

Tip

바지락은 외관상 깨져 있거나 입이 벌어진 것
은 골라내고, 찬물에 넣고 문지르며 깨끗이 씻
는다. 바지락의 해감은 물 3컵에 소금 1큰술을
넣어 염도를 맞춘 후 바지락이 잠기도록 물을
부어 어두운 곳에 둔다. 해감이 되고 나면 한번
깨끗이 씻어서 사용한다.

◖ Make to   소요 시간 ◆17분

1 해감한 바지락과 어슷하게 썬
은 대파와 큼직한 다이스로 썬
양파를 준비한다.

2 냄비에 식용유를 약간 두른
뒤, 양파와 대파를 넣고 색이
나지 않게 볶는다.

3 2에 물을 부어주고 바지락, 순
두부 양념을 같이 넣고 끓인다.

4 3이 끓어오르면 순두부를 수
저로 떠서 나누어 넣는다. 다
시 끓어오르면 중 불을 낮춘다.

5 청양고추를 넣고 은근히 끓여
맛을 낸다.

정재덕 셰프

들깨 연두부 샐러드

담백한 맛이 일품인 연두부를 더욱 고소하고
맛있게 즐길 수 있는 건강한 요리

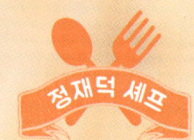

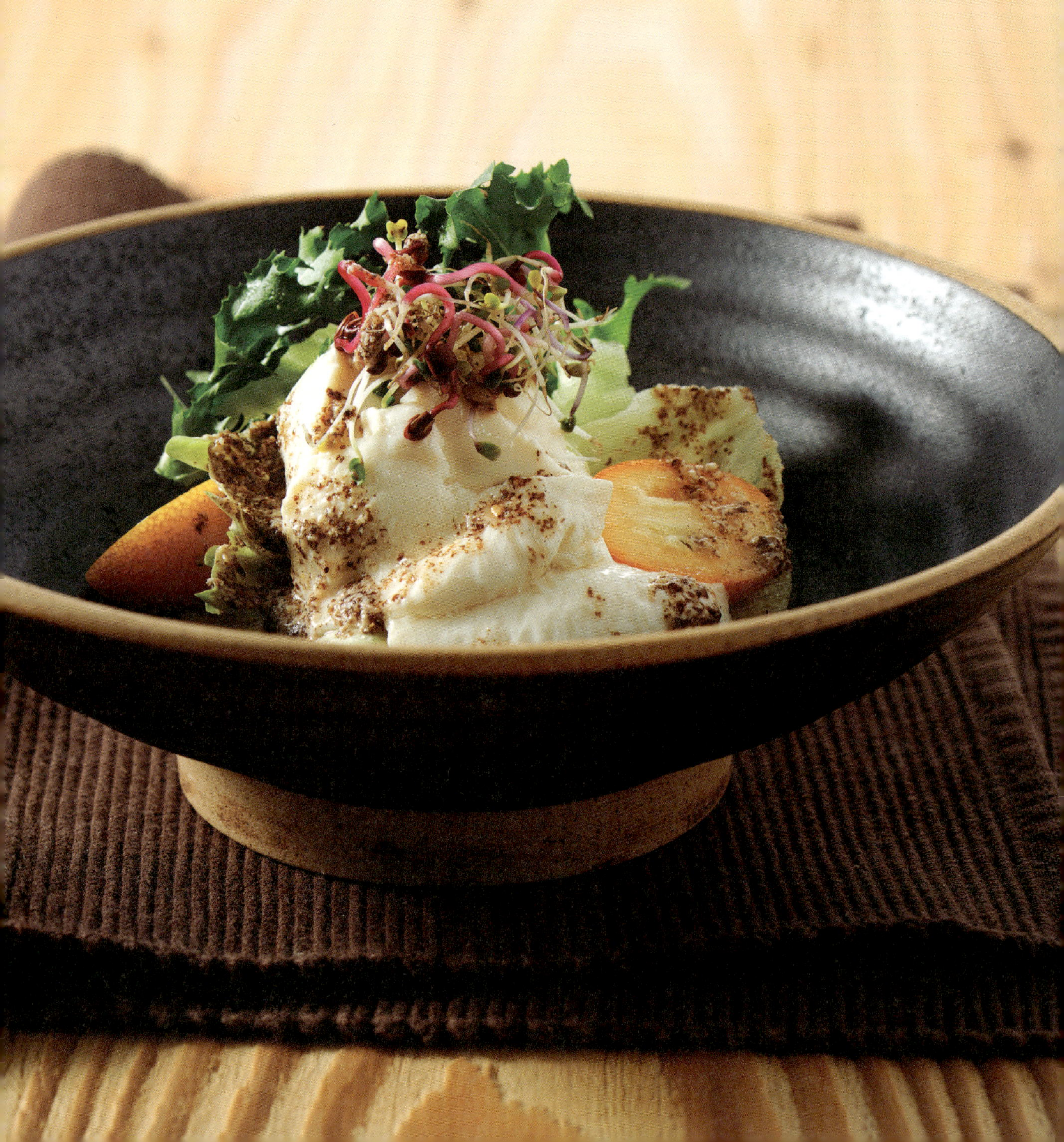

Tip 소스 재료 중 마늘 장아찌 국물이 없으면 식초
2큰술, 물 2큰술, 설탕 2큰술, 소금 약간을 넣
어 만든다.

◖Make to 소요 시간 ◆ 20분

1 연두부, 금귤, 베이비싹, 양상추, 치커리를 깨끗하
게 손질한다.

2 양상추는 먹기 좋게 자르고 5분 정도 물에 담가
놓는다. (오랜 시간 담가두면 영양소가 많이 파
괴된다.)

3 금귤은 절반을 자른 후 안에 씨를 제거해 주고,
분량의 재료를 믹서기에 갈아서 소스를 만든다.

4 연두부를 자연스럽게 자르고 손질된 채소를 혼
합하여 그릇에 담고 소스를 뿌려준다.

정재덕 셰프

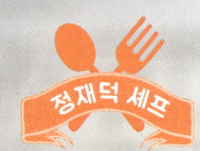

톳 미니양배추 두부무침

식이섬유가 풍부하여 소화를 돕고 항암작용과
빈혈에도 많은 도움을 주는 톳과 위를 보호 해 주는
양배추, 그리고 단백질의 왕 두부의 콜라보

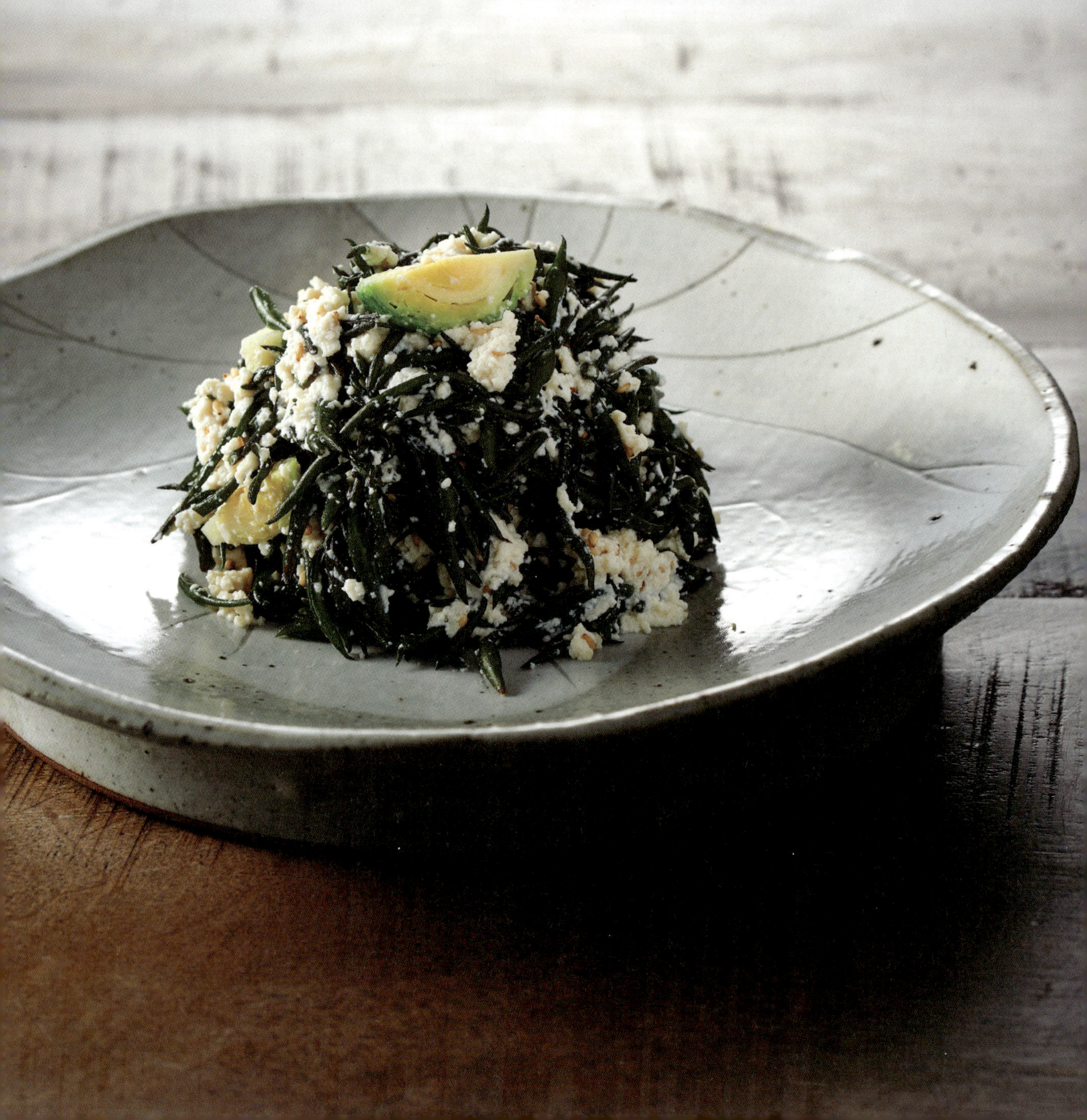

◗ **Ready** ◆2~3인분

톳 한 줌(120g), 두부 1/2모, 미니양배추 3개
소스(드레싱) 깨소금 1작은술, 구운소금 1/3작은술, 다진마늘 1/2작은술

Tip

톳에는 이물질이 많기 때문에 깨끗하게 세척하고, 데칠 때 소금 1/2작은술을 넣으면 색감이 좋아진다.

◗ **Make to** 소요 시간 ◆20분

1 톳의 딱딱한 부분이나 이물질을 제거하고 깨끗하게 손질해 준다. 미니양배추는 4등분하고 두부는 으깬 후 물기를 제거해 준다.

2 끓는 물에 소금 1/2작은술을 넣고 손질된 미니양배추를 30초 동안 데친 후 찬물에 헹궈준다.

3 양배추 데친 물에 손질된 톳도 20~30초간 데쳐 준다.

4 데친 톳, 미니양배추, 두부를 모두 넣은 후 함께 무쳐낸다.

두부 미나리 볶음

폭신폭신 부드러운 식감의 두부를 으깨어
생새우살과 미나리를 넣어 함께 볶아낸 요리

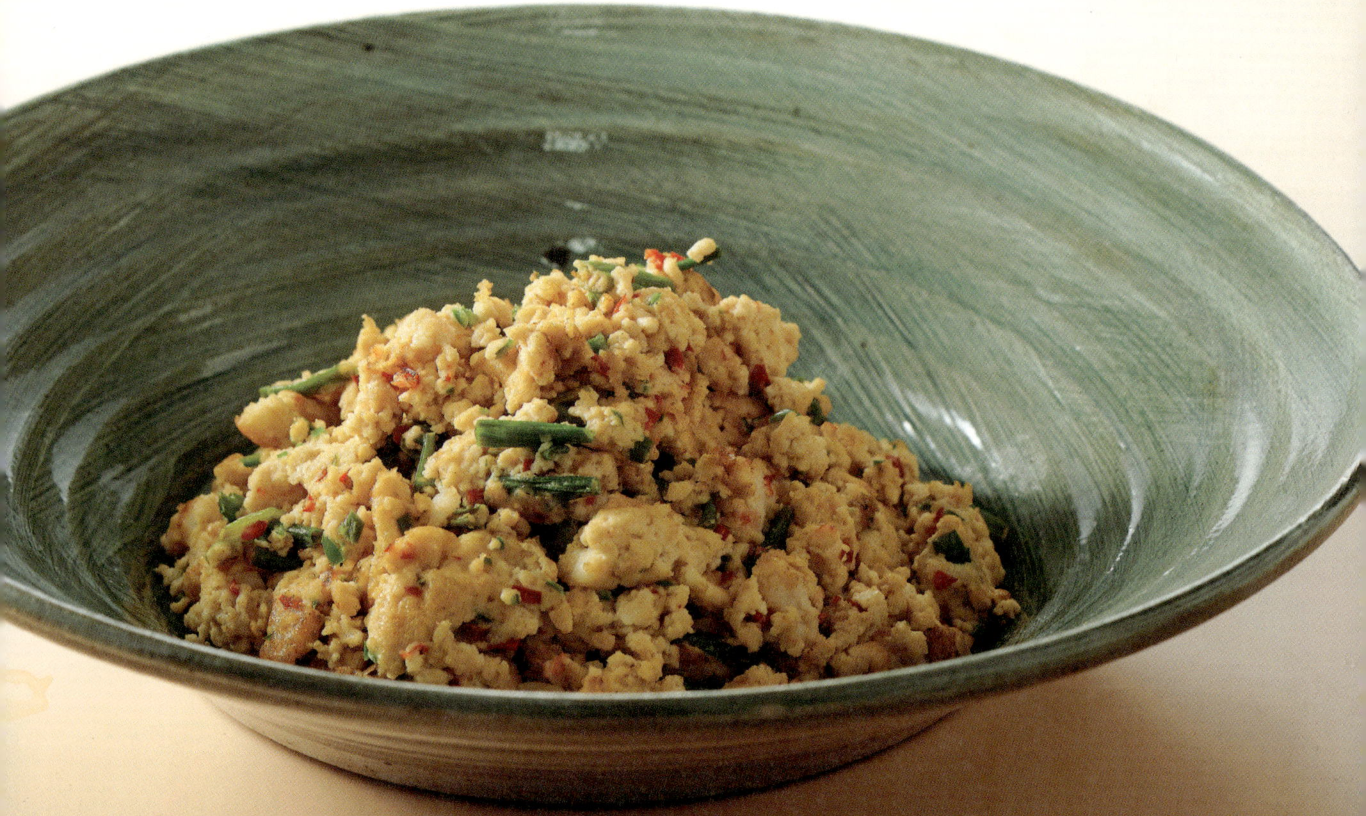

◖**Ready**   ◆2인분

부침용 두부 작은팩 1모(180g), 미나리 1줌, 생새우살 5개, 홍
고추 1개, 풋고추 1개, 포도씨유·소금 약간씩, 국간장 약간
초간장 소스 흑초 원액 1/2큰술, 양조간장 2큰술, 설탕 1큰술, 매
실액 1/2큰술

두부를 너무 꽉 짜면 볶은 후 퍼석한 맛이 나기
쉬우므로 물기를 약간 남기고 짠다. 초간장 소
스에 밥과 두부 미나리 볶음을 곁들이면 새콤
하게 즐길수 있다.

◖**Make to**   소요 시간 ◆ 20분

1 미나리 줄기는 깨끗이 손질하여 1cm 길이로 썰
고, 두부는 으깨어 물기를 제거해 준다. 새우살,
홍고추, 풋고추는 잘게 다져서 준비한다.

2 1의 재료들을 모두 골고루 섞고, 소금 간을 한다.

3 분량의 재료들을 섞어서 초간장 소스를 만든다.

4 달군 팬에 포도씨유를 두르고 2의 섞은 재료와
초간장 소스를 넣고 노르스름하게 볶아낸다.

산초기름 두부구이

특유의 맛과 향이 있는 산초기름속의 산쇼올이란 성분이
살균과 해독작용에 도움을 준다

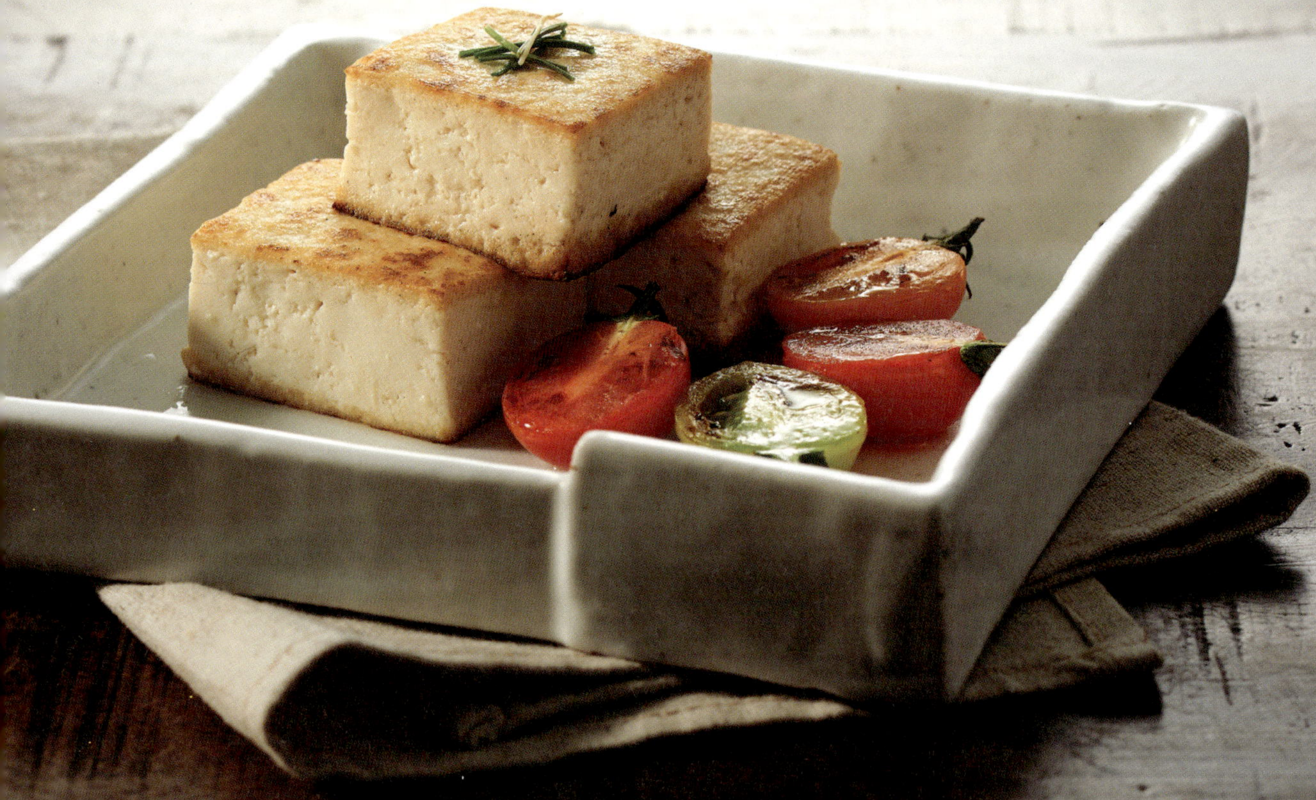

Tip 두부를 센 불에서 굽게 되면 속은 익지 않고 겉이 타기 때문에 중 불에서 타지 않게 구워준다.

◖ **Make to** 소요 시간 ◆ 20분

1 두부는 두께 2cm, 길이 4cm정도 자르고 채반에 받쳐 물기를 빼고 구운소금을 뿌려준다.

2 팬에 산초기름을 두르고 두부를 중 불로 노릇하게 구워준다.

3 방울토마토도 깨끗하게 세척한 후 절반으로 자르고 팬에 구워준다.

콩나물과 숙주

닮은 듯 닮지 않은
나물

콩나물과 숙주는 닮았다. 아삭한 식감과 기름진 재료의 기름까지

말끔히 제거하는 탓에 육류와도 잘 어울린다. 콩나물국과 무침이

라는 단순한 요리방법에서 벗어나 저렴한 비용으로 일품요리를

만들어 보자.

콩나물밥과 달래 양념간장

별도의 반찬이 필요없는 건강한 한끼 식사인 콩나물밥과 알싸한 향과
약간의 매운 맛이 일품인 달래비빔장의 환상적인 궁합

수분을 함유하고 있는 채소(콩나물 등)와 같이
밥을 지을 때는 평소보다 밥물을 조금 적게 잡
아 준다. 밥이 충분히 되기 전에 뚜껑을 열면
콩나물 특유의 비린내가 날 수 있으므로 주의
한다.

◀ **Make to**   소요 시간 ◆ 25분

1 쌀은 씻어서 불린다. 콩나물은 꼬리를 다듬고 물
기를 빼준다. 달래는 손질하여 잘게 다진다.

2 두꺼운 냄비에 밥을 안치고 콩나물을 얹어서 뚜
껑을 덮고 끓인다. 끓어오르면 중 불로 10분 정
도 익힌다.

3 분량의 재료들을 골고루 섞어 양념간장을 만
든다.

4 밥이 다되면 10분 정도 뜸을 들인 후 콩나물과
밥을 골고루 섞어 그릇에 담는다.

초록콩나물 밥

초록콩나물은 광합성 작용에 의해서 자연적으로 생기기 때문에
일반적인 콩나물보다 더욱 건강하다

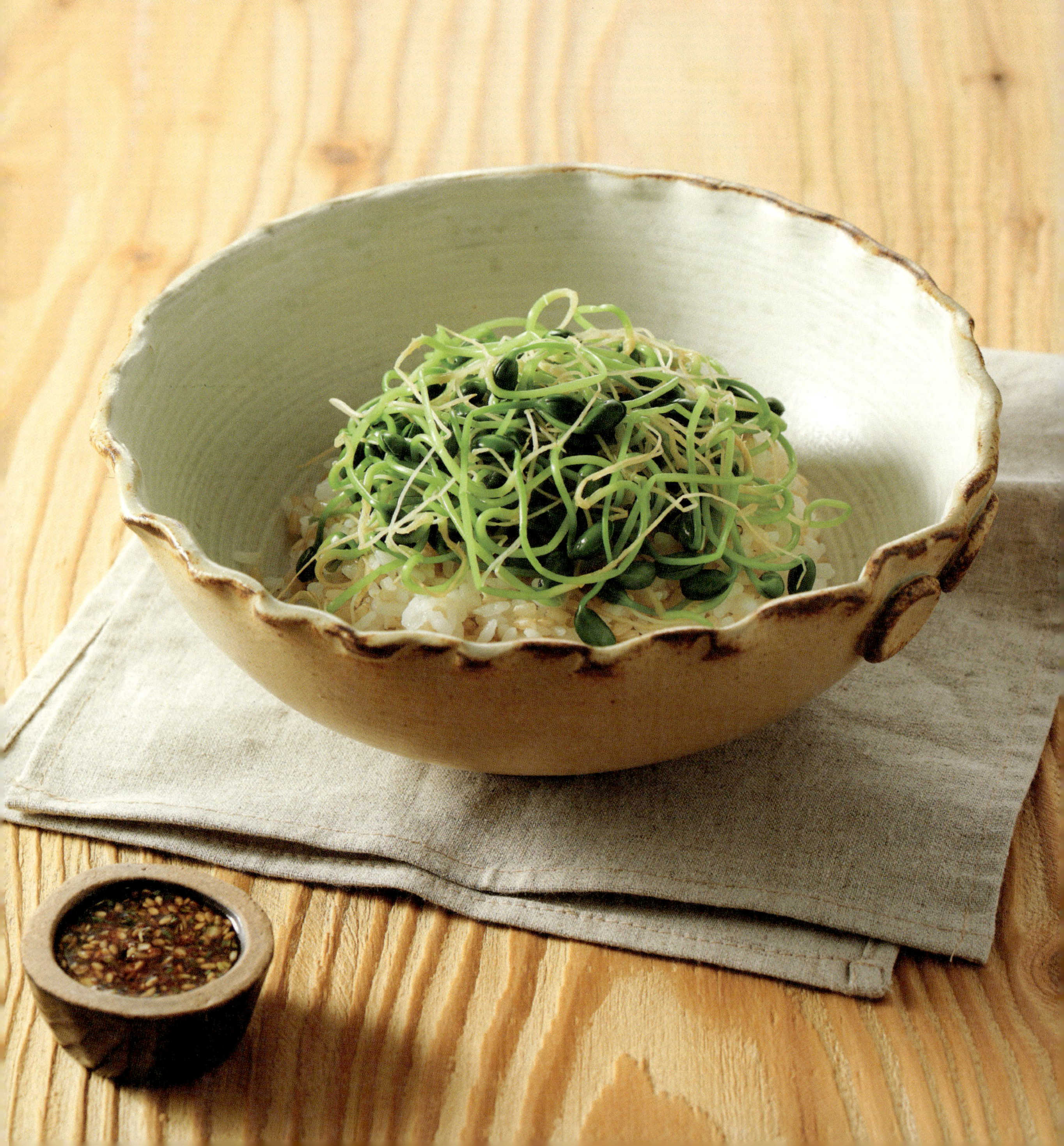

◖ **Ready**   ◆2~3인분

초록콩나물 한 줌(50g), 멥쌀 2/3컵, 현미 1/3컵, 물 1과 1/3컵
양념장 간장 1과 1/2큰술, 고춧가루 1/4작은술, 깨소금 1/4큰술,
참기름 1/2작은술, 홍고추 1/2개

밥을 안칠 때 건 표고버섯 1~2개를 첨가하면
더욱 밥 맛이 좋아진다.

◖ **Make to**   소요 시간 ◆ 25~30분

1 초록콩나물은 깨끗하게 씻어
놓고 현미와 멥쌀은 2시간 불
려둔다.

2 불린 현미와 멥쌀을 냄비에 부
어준다.

3 2의 냄비에 물 1과 1/3컵을 넣
어준다.

4 냄비에 씻어놓은 초록콩나물
을 넣고 센 불에서 5분 약 불
에서 10여분간 끓여주고 5분
간 뜸들인다.

5 초록콩나물 밥이 완성 되면 그
릇에 담고 양념장과 함께 비벼
먹는다.

토마토 숙주 샐러드

상큼 신선한 토마토와 아삭한 숙주를 곁들여 만든
색다른 맛의 건강 샐러드

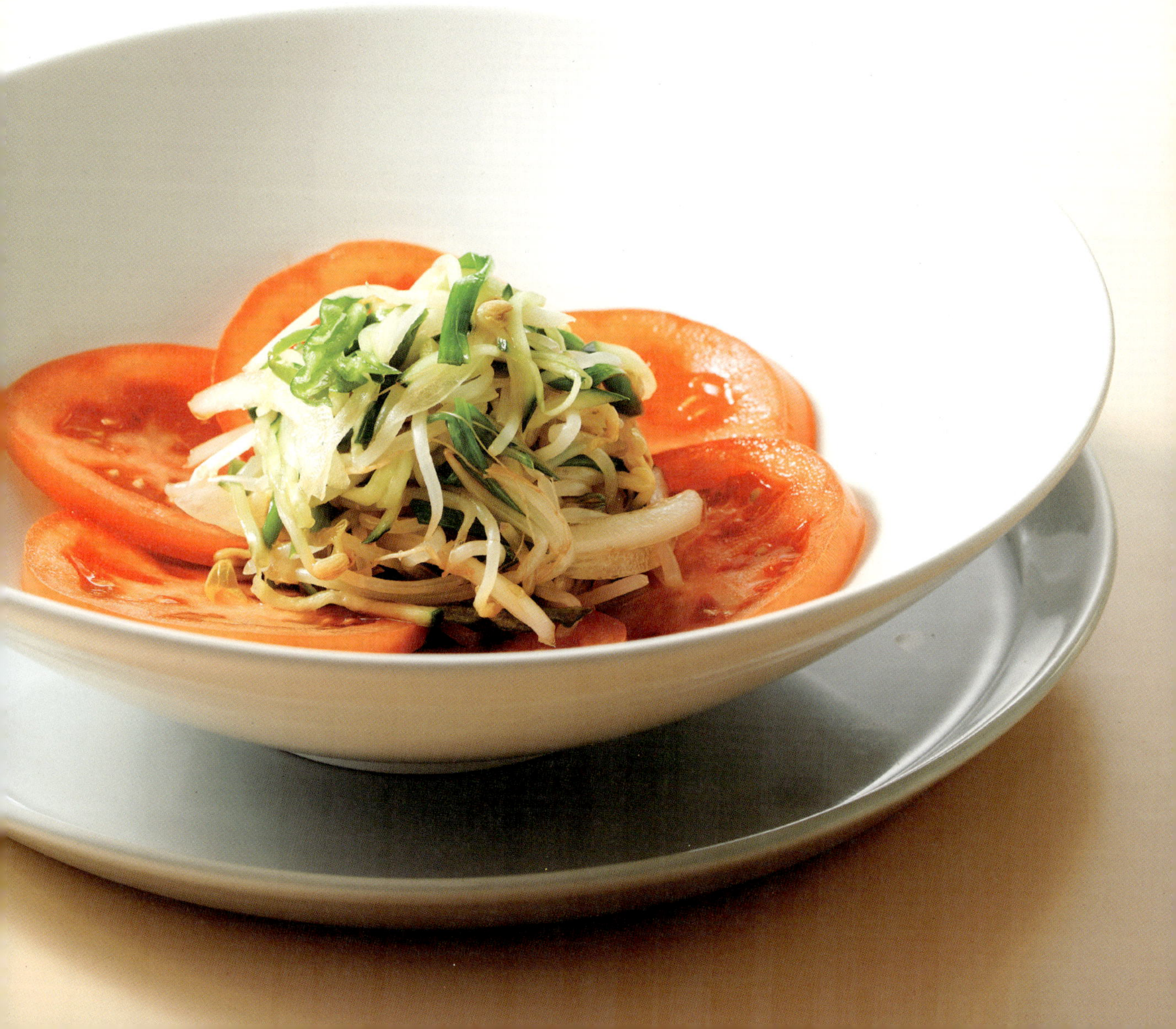

◖ **Ready** ◆2인분

토마토 1개, 숙주 한 줌(200g), 미나리 한 줌(100g), 양파
1/2개(60g), 오이 1/3개, 꽈리고추 5개(25g)
소스(드레싱) 양조간장 3큰술, 양조식초 5큰술, 설탕 4큰술,
참기름 1/2큰술

Tip

기호에 따라 채소류 외에 소고기(등심, 안심),
닭고기, 해산물 등을 곁들이면 푸짐하고 특별
한 샐러드로 즐길 수 있다. 토마토를 잘게 썰어
서 다른 재료와 섞어 구운 바게트 빵과 먹어도
좋다.

◖ **Make to** 소요 시간 ◆18분

1 토마토는 원형모양 그대로 썰고, 오이와 양파는
채 썰어 준비한다. 꽈리고추는 씨를 제거해서 채
썬다.

2 미나리와 숙주는 끓는 물에 살짝 데치고 찬물에
재빨리 헹궈서 물기를 제거한다.

3 분량의 재료들을 모두 고르게 섞어서 소스를 만
든다.

4 접시에 토마토를 놓고 그 위에 미나리, 숙주, 양
파, 꽈리고추를 잘 섞어 담고, 소스를 곁들여 완
성한다.

된장 냉이무침

냉이는 뿌리식물로 단백질과 칼슘, 비타민A 성분이 풍부해
몸에 원기회복을 돕고, 된장으로 무쳐 먹으면 맛도 건강도 지킬 수 있다

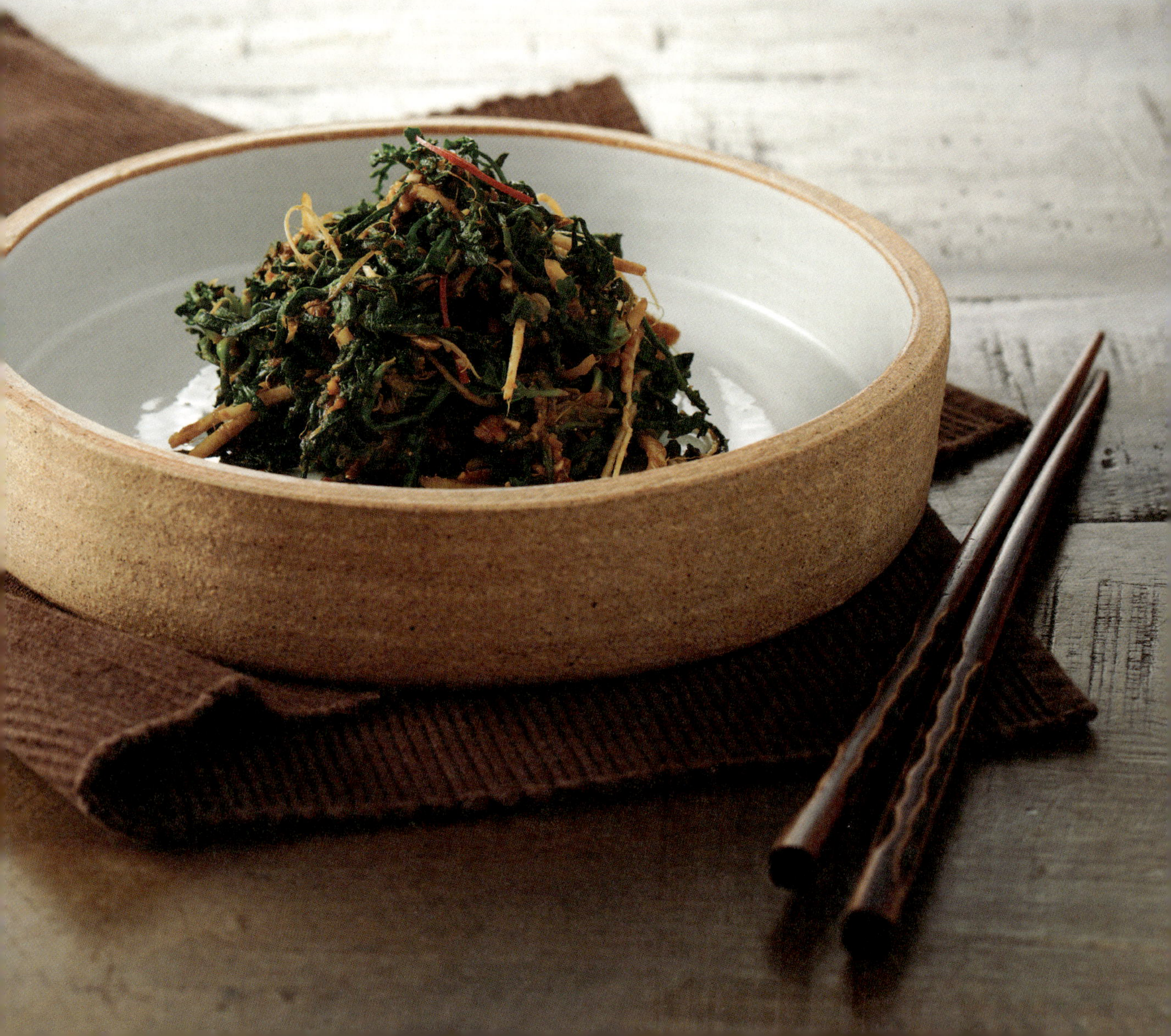

Tip 냉이는 생으로 먹으면 질겨서 식감이 좋지 않다. 데쳐서 먹어야 식감도 좋아지며 소화 흡수율도 좋다.

◖**Make to**　　　　　　　　　　　　　소요 시간 ◆ 15~20분

1 냉이는 시든 잎을 깨끗하게 제거하고 뿌리는 칼등으로 살살 다듬은 후 깨끗하게 씻어준다. 홍고추는 고추씨를 제거하고 1.5cm길이로 채 썰어준다.

2 손질한 냉이를 끓는 물에 소금 1/2큰술을 넣고 30초간 데치고 찬물에 헹궈서 물기를 짜준다.

3 넓은 볼에 데친 냉이와 분량의 소스를 넣고 손으로 무친다.

정재덕 셰프

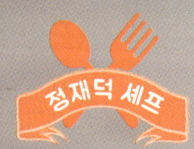

돼지안심 숙주볶음

숙주에는 비타민B_6가 풍부하게 들어있어
몸의 독소를 배출시켜주는 역할을 한다

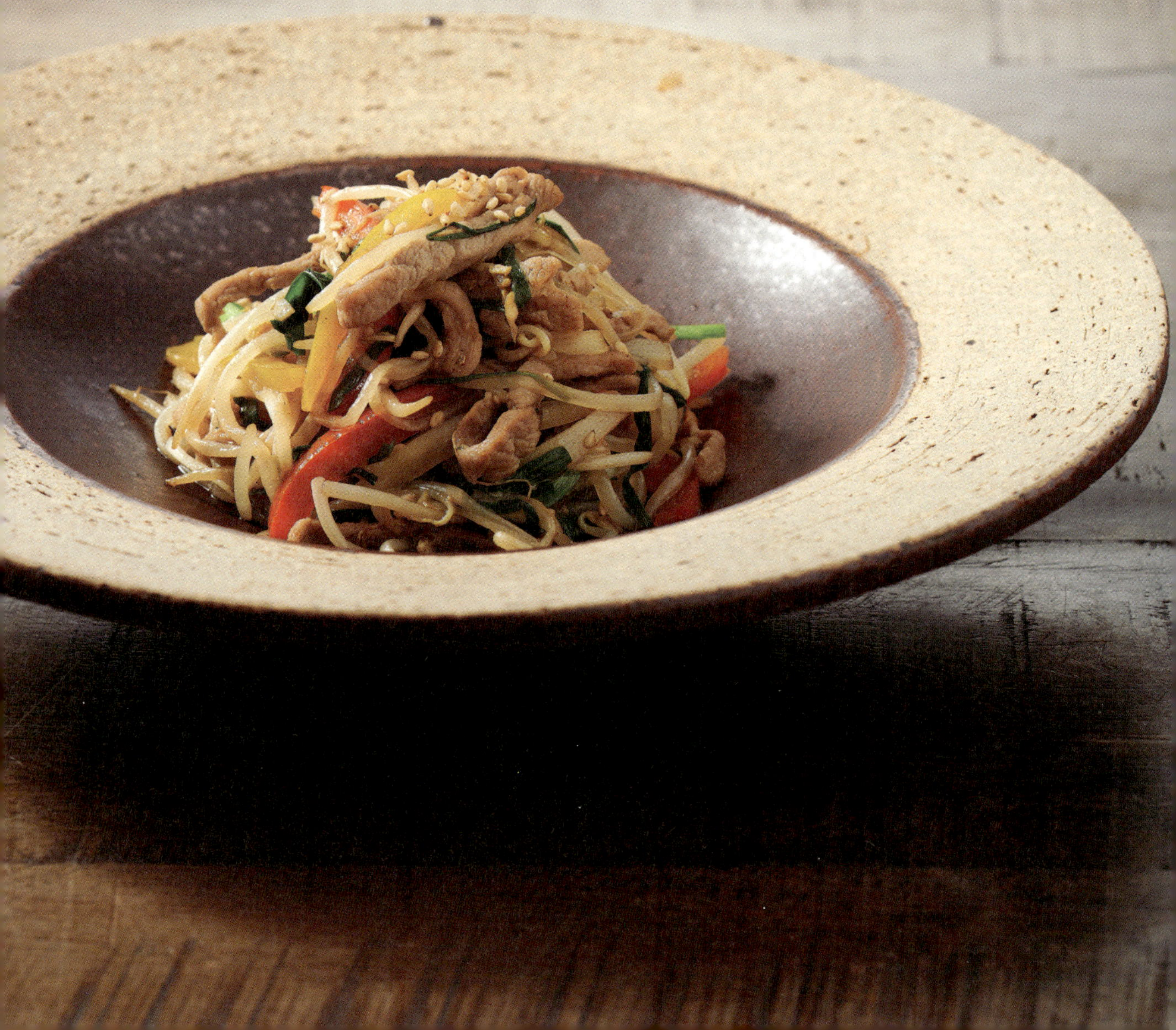

❮ Ready

◆ 1~2인분

돼지안심 150g, 숙주 1/2봉, 양파 30g, 부추 15g, 파프리카 1/3개,
통깨 약간, 굴소스 1큰술, 설탕 1/2작은술
양념 간장 1큰술, 다진마늘 1/2큰술, 다진생강 1/4큰술, 후춧가
루 약간, 매실엑기스 1/2작은술

Tip 돼지안심 숙주볶음은 밥과 함께 덮밥으로 먹
어도 좋다.

❮ Make to

소요 시간 ◆ 25~30분

1 돼지안심, 숙주, 양파, 부추를
준비하고 파프리카는 4~5cm
로 채 썰어준다.

2 돼지안심은 분량의 재료를 섞
어서 기본양념 해준다.

3 양념한 돼지안심을 프라이팬
에 볶아준다.

4 3에 채 썰어놓은 양파, 부추,
파프리카를 프라이팬에 놓고
깨끗이 씻은 숙주를 함께 넣은
후 볶아준다.

5 위의 재료를 볶다가 굴소스 1큰
술, 설탕 1/2작은술을 넣고 볶
아준다.

6 모든 재료를 볶다가 부추를 넣
고 한번 더 볶아준다.

초록콩나물 냉채

초록콩나물은 광합성 작용으로 색깔이 노란색이 아닌 초록색을 띤다.
영양가는 일반 콩나물보다 4배가 많다

◖**Ready** ◆1~2인분

초록콩나물 2와 1/2줌(120g), 전복 2마리, 아스파라거스 2줄기, 방울토마토 8~10개
소스(드레싱) 식초 4큰술, 매실청 3~4큰술, 양조간장 2큰술, 연겨자 1작은술

Tip 초록콩나물은 일반 노란콩나물 보다 영양소가 풍부하기 때문에 데친 후 콩나물국이나 콩나물무침으로 먹어도 좋다.

◖**Make to** 소요 시간 ◆ 30분

1 초록콩나물, 전복, 아스파라거스, 방울토마토를 준비한다.

2 방울토마토는 20~30초간 살짝 데쳐서 껍질을 벗겨준 후 아스파라거스도 살짝 데쳐준다.

3 물이 끓어오르면 초록콩나물을 데치고 찬물로 씻겨 준다. 전복도 살짝 데쳐준다. 분량의 재료로 소스를 만든후 곁들인다.

콩류

유방암 환자에게
가장 필수적인...

콩은 여성호르몬인 에스트로겐과 상관관계가 깊다. 호르몬을 인

위적으로 조절하다보면 유방암이 생길 수 있다고 얘기한바 있다.

건강한 콩으로 맛있는 요리를 통해 섭취하는 에스트로겐은 우리

몸을 암과 멀어지게 할 수 있다.

서리태 냉 콩국수

까맣게 보이는 겉모습 속에 담긴 푸른빛의 고소한 서리태.
걸쭉함과 고소함이 예술인 콩국수

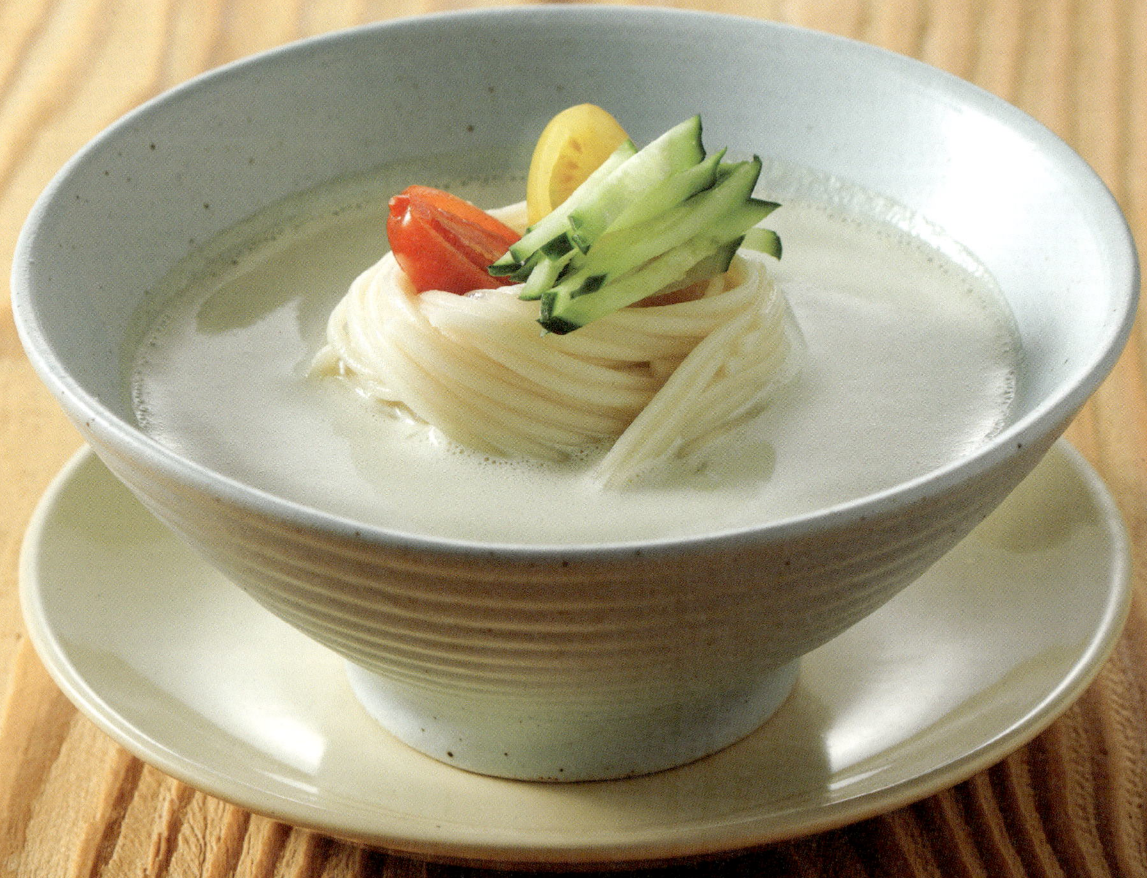

◖ **Make to** 소요 시간 ◆ 30분(면 삶는 시간 제외)

1 서리태는 전날 물에 담가 불리
고, 오이는 채 썰고 방울토마
토는 반으로 갈라서 준비한다.

2 냄비에 불린 서리태와 물을 넣
고 15분 정도 끓인다.

3 푹 삶은 콩은 찬물에 넣어 콩
껍질을 깨끗이 벗겨낸다.

4 3의 껍질 벗긴 콩과 분량의 콩
국물 재료들을 모두 넣고 블랜
더나 핸드믹서로 곱게 갈아주
고 간을 맞춘다.

5 소면을 삶아 콩국물과 곁들여
담아 내고 채 썬 오이와 방울
토마토를 얹는다. 기호에 따라
소금을 추가한다.

약콩 현미죽

약 콩은 몸의 해독작용과 지방을 분해 시키는데 도움이 된다.
쥐눈이콩 3알을 먹고 늙어서도 젊음을 즐겼다고 할 정도로 좋은 음식

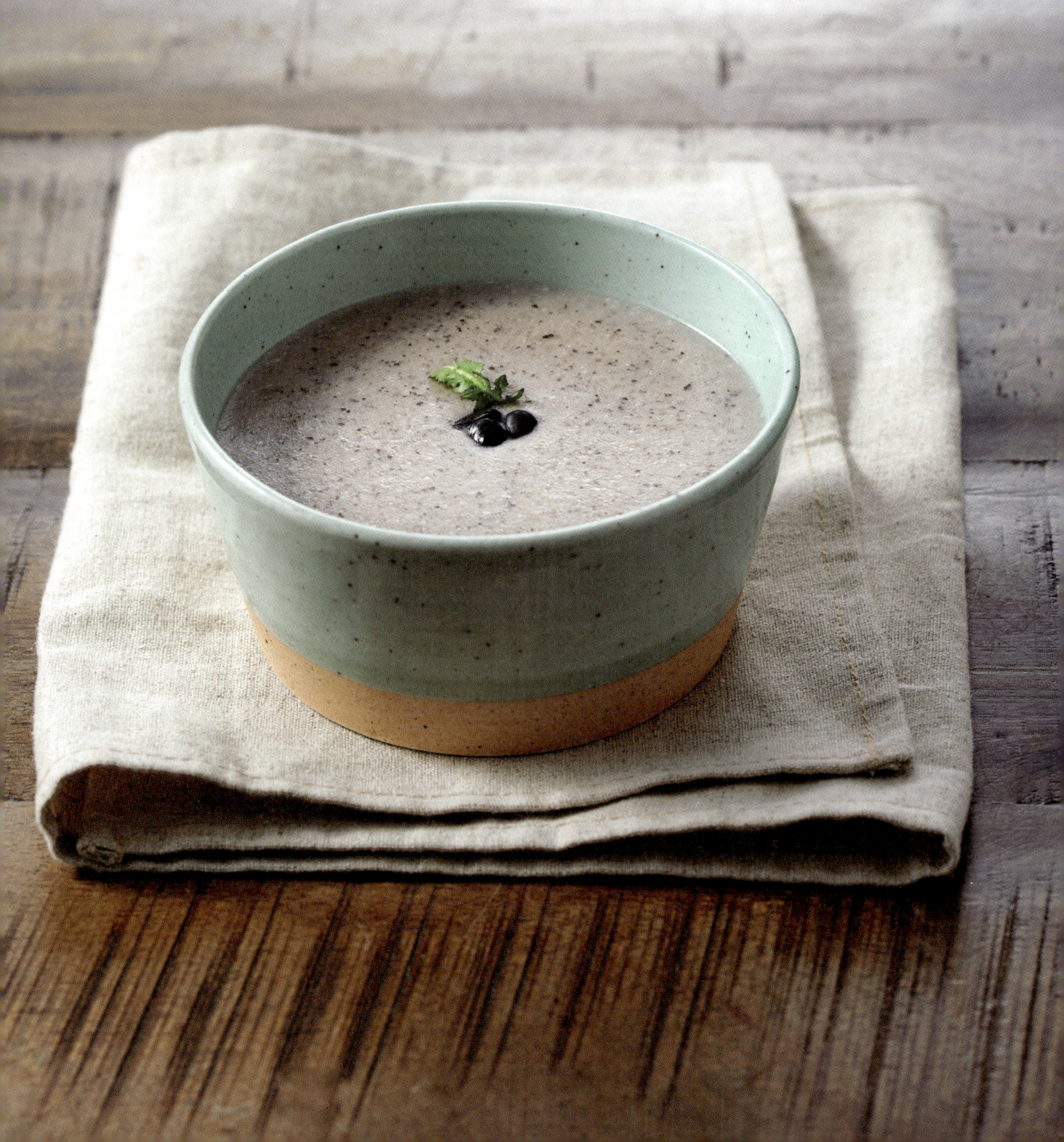

◖ **Ready**　◆1~2인분

검은콩 1/2컵, 현미 1컵, 죽염 1/2작은술, 항암육수 4~5컵(220
페이지)

Tip

죽은 여러 번 간을 하는 것 보다 먹기 직전에
간 하는 게 좋다.

◖ **Make to**　소요 시간 ◆ 25~30분

1 요리 전 검은콩 8시간, 현미 2시간 정도 불려서
검은콩 1/2컵, 현미 1컵을 준비한다.

2 믹서기에 검은콩과 현미를 모두 넣고 곱게 갈아
준다.

3 2의 갈아놓은 검은콩과 현미, 항암육수를 냄비
에 붓고 끓여준다.

4 센 불에서 5분 정도 끓이다가 약 불에서 15~20분
정도 끓인 후 죽염으로 간을 한다.

풋콩 옹심이탕

풋콩은 비타민B₁, B₂, 칼슘, 단백질, 식이섬유가 많이 들어있으며,
대두에게 없는 베타카로틴도 들어있다

풋콩은 불린 후 겉껍질을 손으로 비벼 제거하고 사용하는게 좋고, 베타카로틴 성분이 풍부해서 아이들 영양 간식으로 좋다.

◖ **Make to** 소요 시간 ◆ 30분

1 풋콩, 찹쌀가루, 소금을 준비한다.

2 찹쌀가루에 소금과 약간의 물을 넣고 되직하게 반죽해 준다.

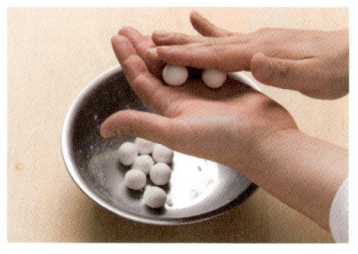

3 반죽한 찹쌀가루로 옹심이를 만들어 준다.

4 풋콩과 물 2컵을 붓고 믹서기로 갈아준다.

5 갈아놓은 풋콩을 냄비에서 끓여준다. 끓어오르면 옹심이를 넣고 한번 더 끓여준다. 이때 옹심이가 익으면 둥둥 떠 오른다.

6 옹심이가 떠 오르면 소금으로 간하여 그릇에 담아낸다.

정재덕 셰프

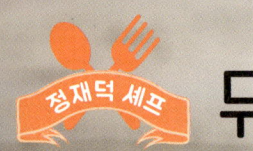

두릅콩국

산채의 왕자라고 불리는 두릅.
봄 두릅은 금이고 가을 두릅은 은이라고 할 정도로 맛이 좋다.
두릅은 섬유질과 칼슘, 비타민C가 풍부하게 들어있어
암을 예방하는데 많은 도움을 준다

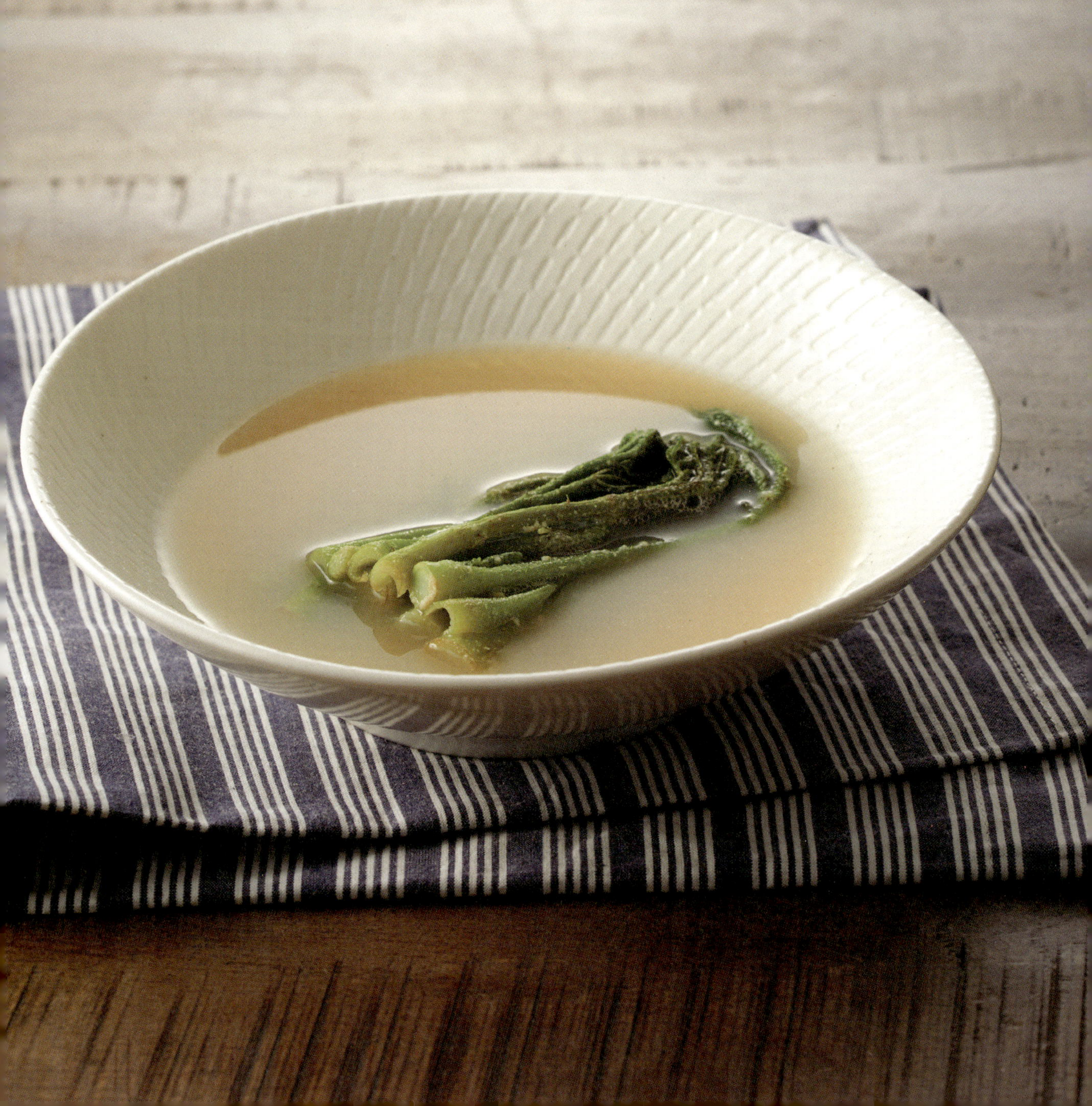

◖Ready　　　　　　　　　　　　　◆2~3인분

두릅 8개, 날콩가루 1/2컵, 국간장 2큰술, 항암육수 5컵(220페
이지 레시피 참고)

Tip　콩가루를 묻힌 두릅을 끓는 육수에 넣고 젓게
되면 콩가루가 풀어지므로 젓지 않도록 한다.

◖Make to　　　　　　　　　　　　소요 시간 ◆ 15~20분

1 두릅은 밑 부분을 자르고 밑 부분에 붙은 이물질
을 제거하고 깨끗하게 세척한다.

2 깨끗하게 씻은 두릅에 날콩가루를 넣어준다.

3 두릅에 날콩가루가 잘 묻게 버무려 준다.

4 항암육수 5컵을 붓고 육수가 끓어오르면 콩가루
를 묻힌 두릅을 넣고 끓여준다. 끓어오르면 국간
장 2큰술을 넣고 간을 맞춘다.

서리태 콩전

건강식품인 서리태를 전으로 만들면 고소한 맛이 배가된다

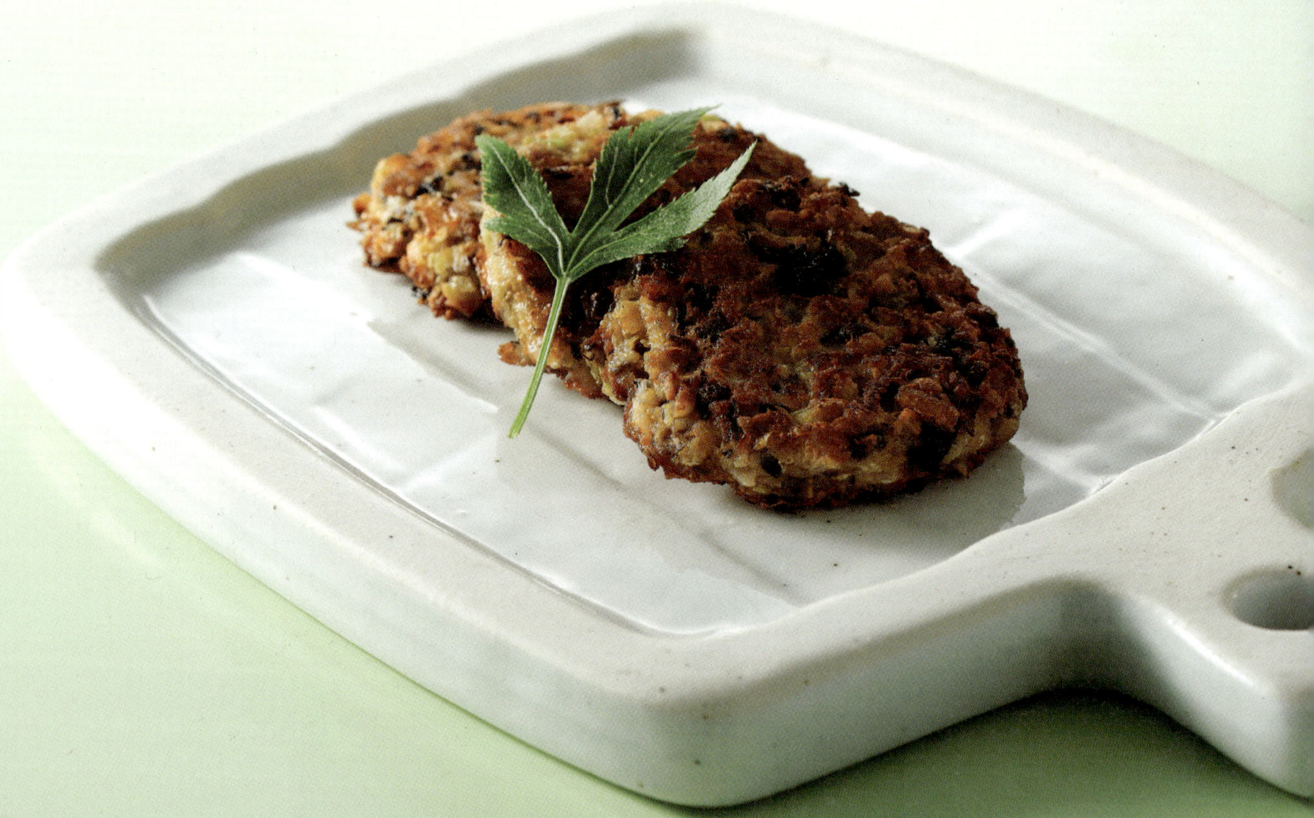

◖Ready ◆2~3인분

불린 서리태콩 1컵, 묵은지 1/2컵, 돼지고기 50g, 숙주 1/2주먹 (30g), 고사리 20g, 다진양파 5큰술, 다진실파 2큰술, 달걀 1개, 다진 청·홍고추 2큰술씩, 후추 약간, 생강즙 1/4작은술, 소금 1/2 작은술, 밀가루 1/3컵, 참기름 1큰술, 다진마늘 1/2개, 다진 대파 1/2개, 국간장 소량, 식용유 3큰술

Tip

서리태 콩전을 할 때 믹서기에 콩의 일부만 굵게 갈아 넣어 반죽하면 식감이 더 좋아지고, 밀가루 반죽에 빵가루를 입혀서 기름에 튀기면 아이들이 좋아하는 일명 '콩까스'가 된다.

◖Make to 소요 시간 ◆ 25~30분

1 묵은지, 돼지고기, 숙주, 고사리, 다진양파, 다진실파, 달걀, 다진 청·홍고추를 준비한다.

2 불린 서리태콩 1컵은 믹서기로 갈아준다.

3 다진 돼지고기는 약간의 소금, 후추, 생강즙으로 밑간하고 프라이팬에 한번 볶아준다.

4 모든 재료를 믹싱볼에 혼합하여 반죽한다.

5 반죽에 1/3컵의 밀가루를 넣고 소금 1/2 작은술을 넣고 반죽을 섞어준다.

6 프라이팬이 달궈지면 불을 약하게 하고 식용유를 한수저 끼얹으며 구워서 접시에 담아낸다.

정재덕 셰프

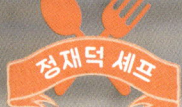

양배추 흑임자 무침

양배추는 대표적인 장수 식품으로써 암세포를 박멸시키는
효능이 있고, 피부 미용에 좋다

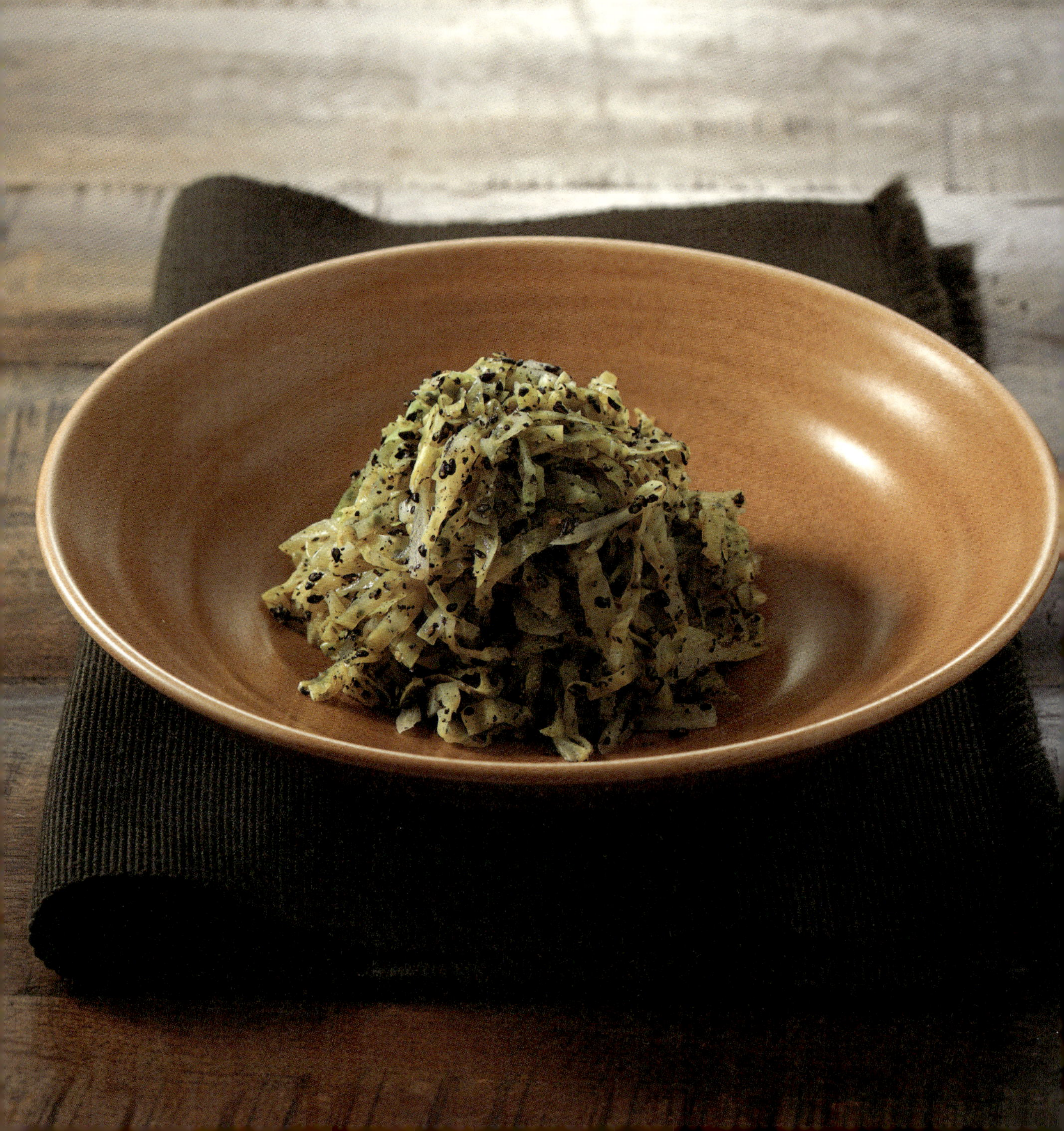

◖ Ready ◆1~2인분

흑임자 2~3큰술, 양배추 1/3개(973g)

양념 소금 1/3작은술, 참기름 1/2작은술

Tip 양배추를 쪄서 양념하여도 좋고, 데쳐서 쌈으로 먹어도 맛이 좋다.

◖ Make to 소요 시간 ◆ 15~20분

1 양배추는 채 썰어서 끓는 물에 30초간 데치고 찬물에 헹궈서 물기를 뺀다.

2 데친 양배추에 소금 1/3작은술, 참기름 1/2작은술, 흑임자 2큰술을 넣고 무쳐서 그릇에 담아준다.

201

해조류

바다 속
영양의 보고

해조류는 특유의 비릿한 맛으로 호불호가 갈리긴 하지만, 여성들

에게는 필수적이다. 최근에 어떤 해조류는 소고기 보다 훨씬 비싼

값에 팔리기도 한다. 해조류를 매일 섭취할 수 있는 다양한 요리

를 선보인다.

이건호 셰프

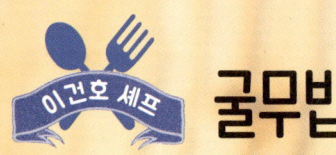

굴무밥

탱글탱글하고 향긋한 굴이 듬뿍.
원기회복을 돕는 영양 가득한 굴밥

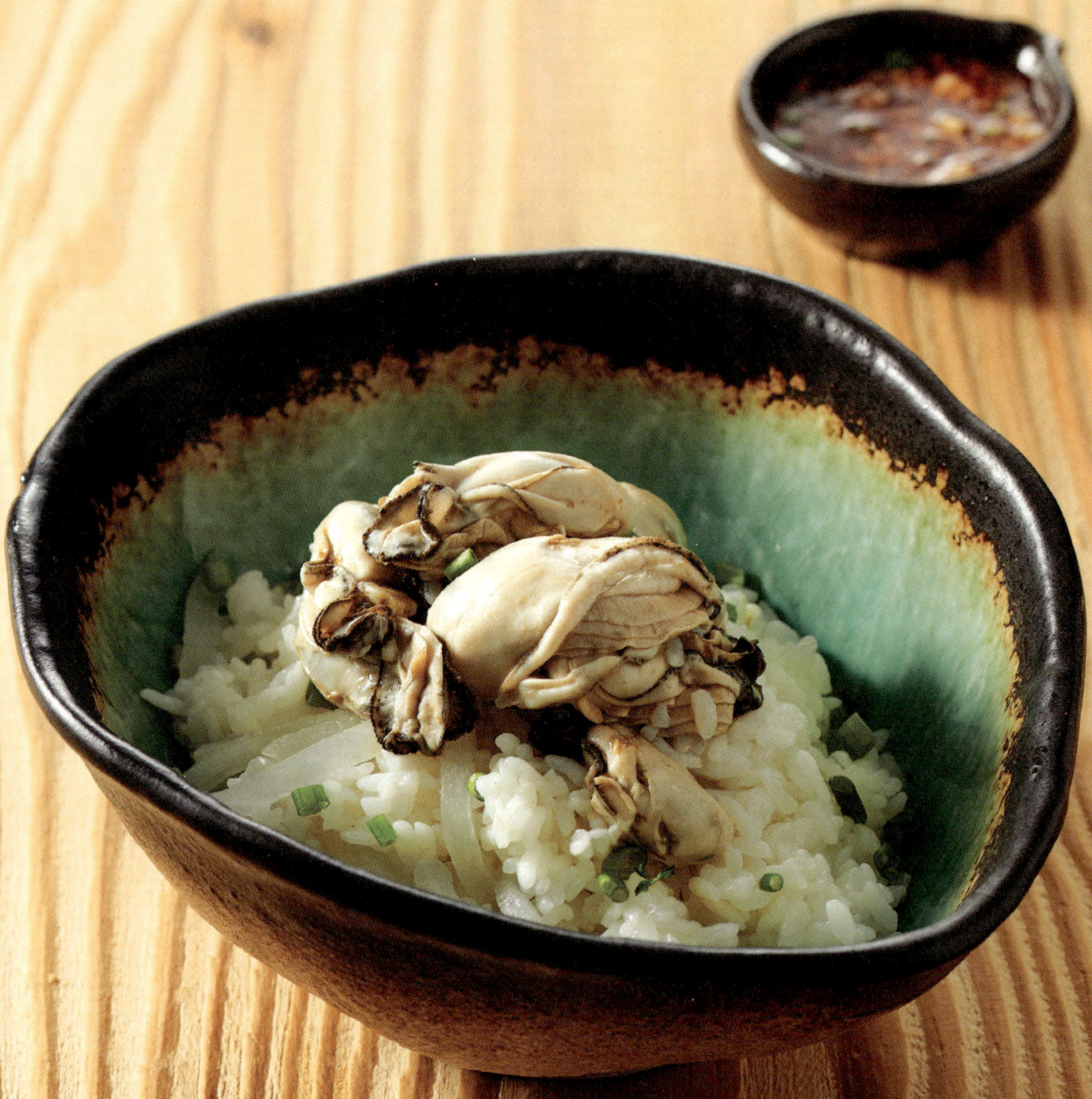

◖ **Ready** ◆2인분

불린 쌀 200g, 생굴 100g, 무 100g, 물 1/2컵
무밥 양념장 진간장 2큰술, 들기름 1큰술, 굵은 고춧가루(맵지
않은 것) 1큰술, 물 2큰술, 다진마늘 약간, 쪽파(또는 달래) 약
간, 통깨 약간, 후추 약간, 매실액 약간

쌀은 깨끗이 씻어 30분간 물에 불린 후 물기를
빼준다. 굴은 소금물에 흔들어 헹궈주거나 무
즙을 갈아서 섞어 두었다가 헹궈주기도 한다.

◖ **Make to** 소요 시간 ◆ 30분

1 쌀은 불려서 준비하고, 무는 굵직하게 5cm길이
로 채 썰고, 쪽파는 송송썰어 둔다.

2 냄비 또는 전기밥솥에 불린 쌀과 채 썬 무, 물을
넣고 센 불에서 밥을 짓는다. 끓어오르면 뚜껑을
닫고 중 불로 10분 정도 익힌다.

3 냄비가 끓어 김이 나면 불을 끄고 굴을 넣어서
뚜껑을 덮고 10분간 뜸을 들인다.

4 분량의 재료들을 모두 섞어서 양념장을 만든다.

전복해조 비빔밥

해산물 중 으뜸인 전복과 자연이 길러낸 바다 나물 해조류를 더해
바다의 풍미와 영양이 담긴 비빔밥

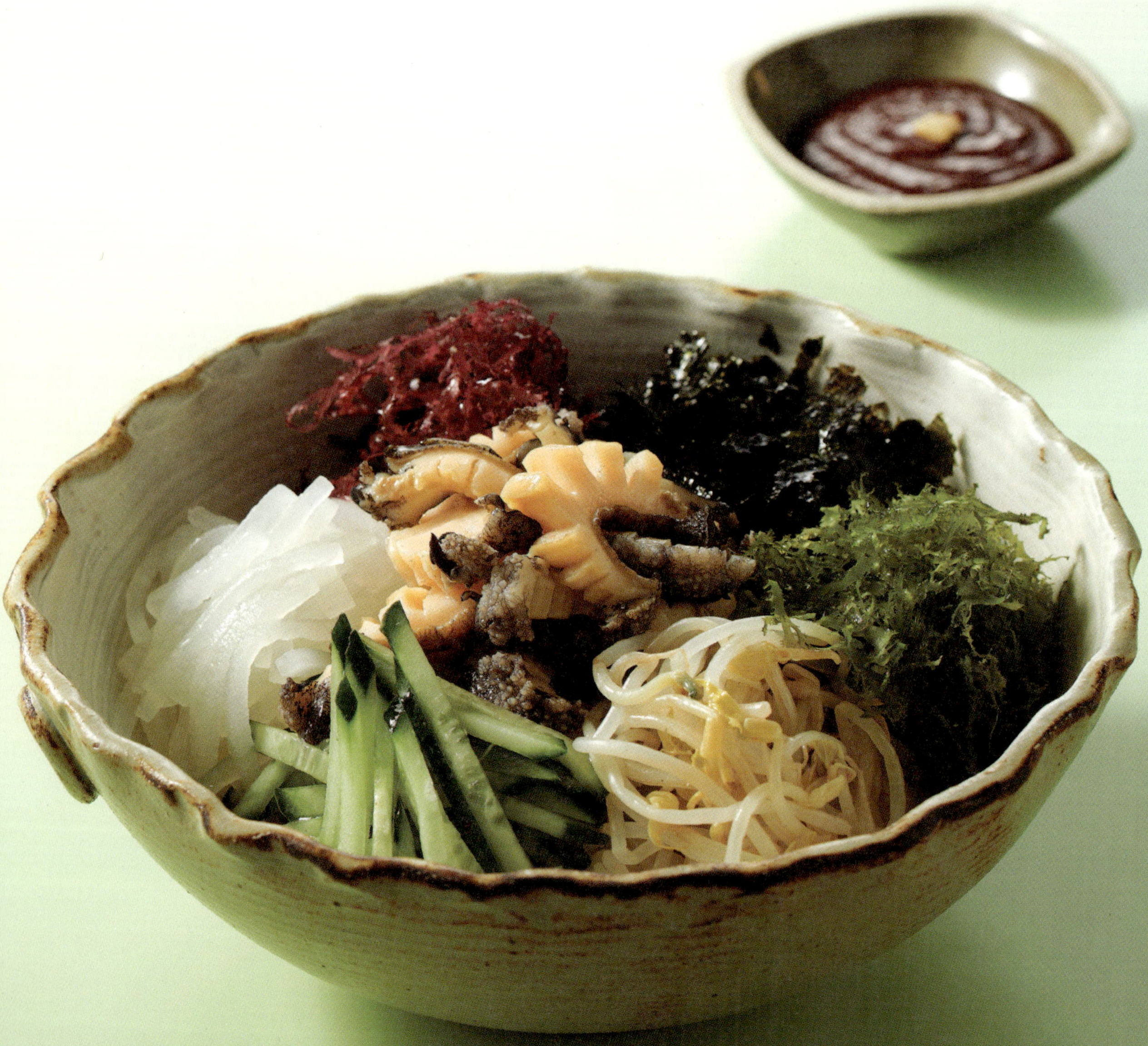

◖ **Ready** ◆ 2인분

전복 2개, 밥 1과 1/2공기, 다시마(염장)채 10g, 해조류(건세모
가사리, 염장꼬시레기, 생톳) 10g씩, 숙주 12g, 오이 1/3개, 무
1/8쪽, 김가루 약간

촛물 양조식초 1큰술, 설탕 1큰술, 물 4큰술

비빔 양념장 고추장 2큰술, 진간장 1/3큰술, 설탕 1/3큰술, 참
기름 1큰술, 물 약간

Tip 전복살을 분리 할 때는 전복 아래의 뾰족하게
나온 부분의 껍질 사이에 숟가락을 살 깊숙이
밀어 넣고 껍질과 전복살을 분리해 준다. 전복
이빨은 칼로 잘라서 제거하고 사용한다.

◖ **Make to** 소요 시간 ◆ 30분

1 전복은 잘 손질해서 잘게 자른
다. 오이와 무는 가늘게 채 썰
어 준비한다. 해조류는 찬물에
여러 번 헹구어 짠맛을 빼준다.

2 분량의 재료들을 모두 넣고 골
고루 섞어서 비빔 양념장을 만
든다.

3 해조류는 끓는 물에 한 번 데
쳐내어 식초를 넣은 찬물에 담
가 헹군 후 물기를 빼준다.

4 3의 데친 해조류는 촛물에 5
분정도 담가 둔다.

5 끓는 물에 숙주를 데쳐서 찬물
에 식혀 물기를 빼준다. 채썬
무는 팬에 색이 나지 않게 볶아
서 소금과 참기름으로 무친다.

6 그릇에 밥을 담고 해조류와 김
가루, 오이, 숙주, 무나물을 돌
려 담고 생전복을 올린다.

굴 미역국

굴의 풍부한 맛과 감칠맛을 살린 미역국

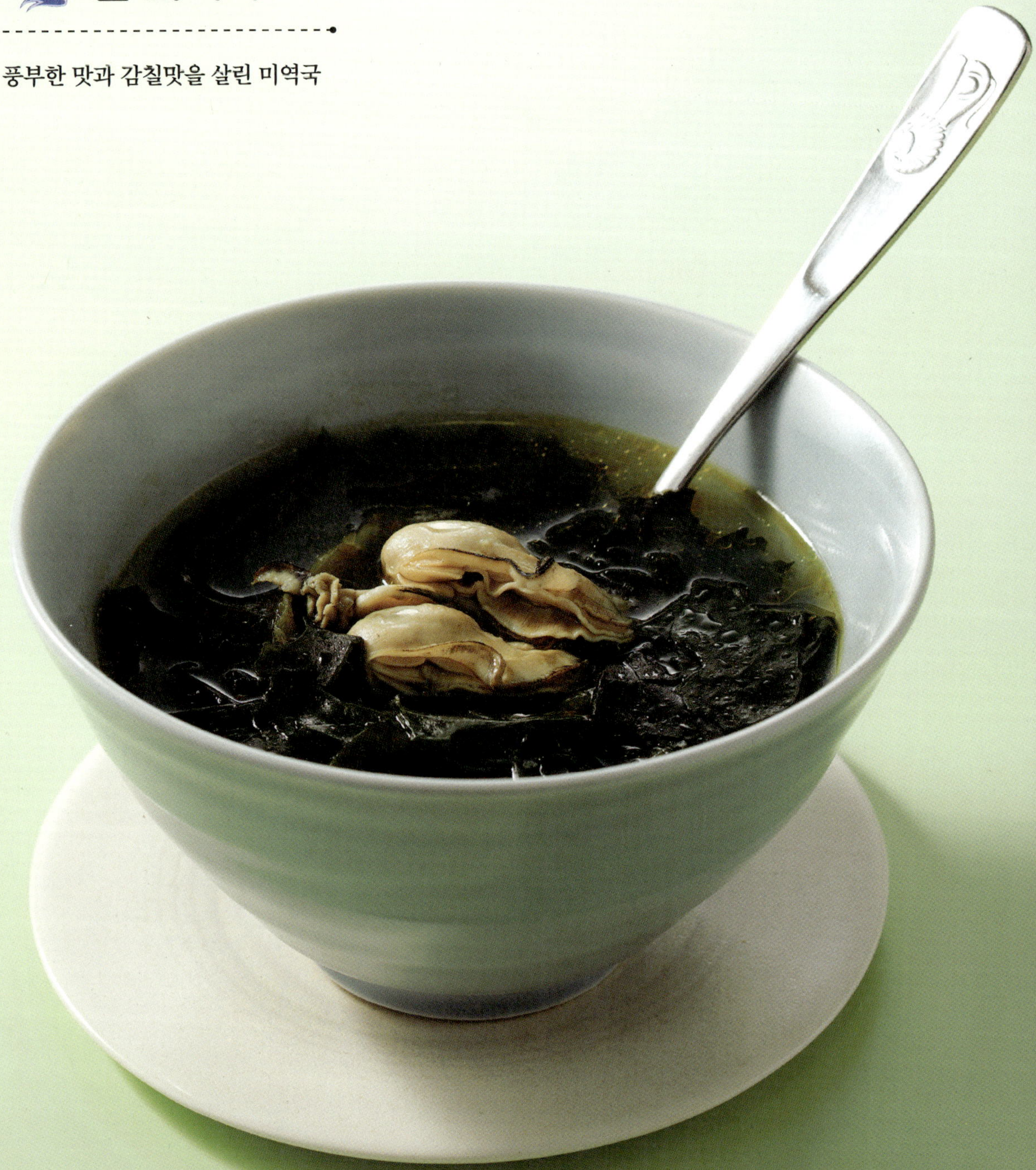

◖ **Ready** ◆ 2인분

건미역 두 줌(15g), 굴 1봉(120g이상), 다진마늘 1/3큰술, 맑은
국간장 1큰술, 참기름 1/2큰술, 물 4컵, 소금 약간

Tip 생굴은 무를 갈아서 잠시 버무려 두었다가 씻
어내면 뽀얗게 된다.

◖ **Make to** 소요 시간 ◆ 20분

1 건미역은 물을 담아 15분 정도 불려준다. 굴은 소
금물에 살살 흔들어 씻은 후 흐르는 물에 헹궈 물
기를 빼둔다.

2 물기를 뺀 미역과 마늘, 국간장을 넣고 골고루
섞은 후 달군 팬에 참기름을 두르고 양념한 미역
을 넣고 몇 분간 볶는다.

3 **2**에 물 4컵을 붓고, 센 불로 끓인다. 끓어오르면
불을 낮춰 은근히 10분 정도 끓여준다.

4 진한 국물 맛이 나면 굴을 넣고 소금, 후추로 간
을 한다. 한소끔 끓어오르면 불을 끈다.

김국

김의 새롭고 맛있는 발견! 쉽고 가볍게 만들어
깔끔하게 먹을 수 있는 뚝딱 건강 요리

◀ **Ready** ◆ 2인분

김 6장, 대파 1/4대, 다진마늘 1/3큰술, 진간장 1큰술, 물 4컵,
건새우 10개, 소금 약간, 참기름 약간

Tip 김을 구워서 끓여야 더 고소하고 비릿한 맛도
줄어든다. 취향에 따라 달걀을 넣어서 별미로
즐길 수 있고, 김의 향을 살리고 싶다면 김을
요리 마지막에 넣고 끓여준다.

◀ **Make to** 소요 시간 ◆ 10분

1 살짝 구운 김은 굵게 부수고, 대파는 송송 썰어서
준비한다.

2 냄비에 물 4컵과 건새우를 넣고 끓어오르면 김,
대파, 다진마늘, 진간장을 넣고 김이 풀어질 때까
지 끓인다.

3 소금으로 간을 맞춘 후 불을 끄고 참기름을 약간
넣어 완성한다.

해파리 냉채

이건호 셰프

톡 쏘는 맛으로 식욕을 올려주고 오독오독하고
톡톡 튀는 식감으로 언제나 별미인 해파리 냉채

◖**Ready** ◆2인분

해파리 200g, 오이 1/4개, 사과 1/6개, 감말랭이 4개, 대추 3개, 깐밤 3개, 소금 약간

소스(드레싱) 겨자 2큰술, 설탕 1큰술, 다진마늘 1큰술, 양조식초 1큰술, 참기름 1/3큰술

단촛물 물 2컵, 설탕 2큰술, 식초 1큰술

 **Tip** 해파리는 끓는 물에 데치면 많이 쪼그라드므로 미지근한 물에 데치고 익힌 후 식감을 살리기 위해 다시 찬물에 담가둔다.

◖**Make to** 소요 시간 ◆ 25분

1 오이, 사과, 깐밤은 편으로 썬다. 대추는 씨를 제거하여 3등분하고, 감말랭이는 가늘게 길이 대로 썰어준다. 해파리는 물에 여러 번 헹궈 찬물에 담가 둔다.

2 해파리는 미지근한 물에 살짝 데친 후 단촛물에 담가 다시 불려서 식감을 살려준다.

3 분량의 재료를 모두 넣고 골고루 섞어 소스를 만든다.

4 1의 준비된 재료들과 데친 해파리와 소스를 넣고 골고루 무쳐준다.

사골국과 항암육수

한국인의 힘,
사골과 육수

우리나라 사람들만 먹는다는 사골은 영양에 도움이 될까? 정답은

도움이 된다. 풍부한 칼슘과 단백질은 몸의 원기를 회복하는데 도

움을 준다. 어떤 음식이든 베이스가 되는 육수는 건강하게 만들

수 없을까에 대한 해답도 여기에 있다.

마늘 타락죽

마늘의 구수한 향과 단맛을 끌어올려 부드럽고 고소한 죽

Tip 마늘 타락죽은 입자를 곱게 할수록 더 부드럽
게 즐길수 있다.

◖ **Make to** 소요 시간 ◆ 18분

1 불린 찹쌀과 통마늘을 준비한다.

2 팬에 포도씨유를 두르고 통마늘을 골고루 익
힌다.

3 냄비에 구운 마늘과 불린 찹쌀, 우유, 물을 넣고
끓인다. 끓어오르면 중 불로 낮추고 생크림을 넣
어 찹쌀이 푹 익도록 끓인다.

4 블랜더나 핸드믹서를 사용하여 곱게 갈아주고
소금으로 간을 맞춰 완성한다.

사골국

오랜 시간 고아내는 정성이 가득.
깊고 진한 맛과 영양이 일품인 사골국

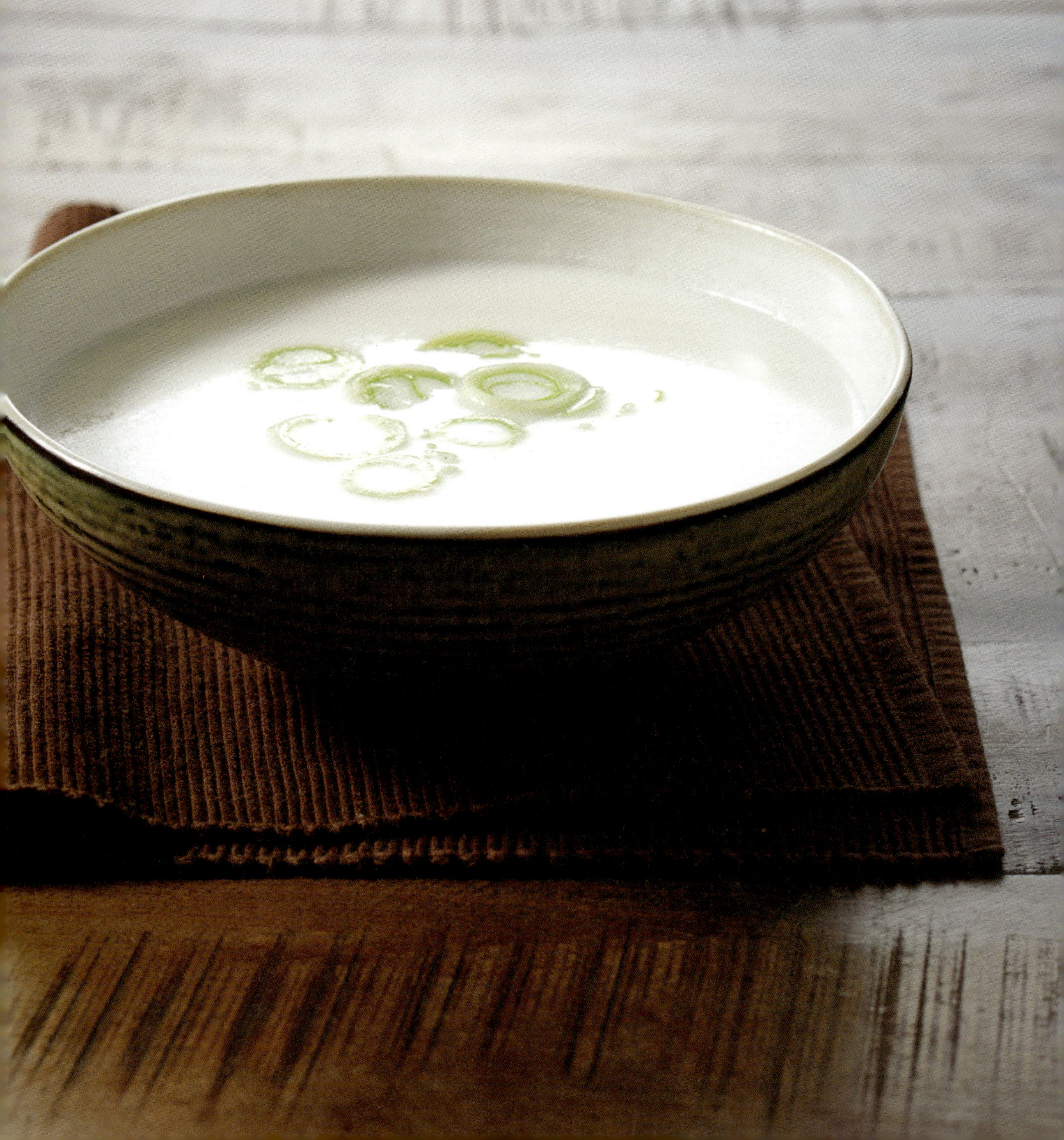

◖ **Ready** ◆ 2인분

사골뼈 500g, 물 2L, 대파 약간

Tip 끓이면서 부족한 물은 조금씩 더 넣어 준다. 식은 후 표면에 굳는 기름은 걷어준다. 양지머리나 사태고기를 넣을 경우 사골이 완성되기 2시간 전에 같이 넣어 익힌다. 기호에 따라 대파와 고기를 곁들인다.

◖ **Make to**   소요 시간 ◆ 6시간

1 사골뼈는 깨끗이 씻은 후 하루 전 찬물에 담가 중간중간 물을 갈아주면서 핏기를 빼준다. 대파는 송송 썰어 준비한다.

2 큰 냄비에 사골이 잠길 만큼 물을 넣고 끓어오르면 사골을 넣어 데쳐 낸 다음 흐르는 찬물에 헹군다.

3 냄비에 물과 2의 사골뼈를 넣고 끓인다. 끓어오르면 뚜껑을 덮고 약 불로 뭉근히 5시간이상 끓인다. 뽀얗게 국물이 우러나오면 체에 받쳐 국물을 거른다.

항암육수

음식을 만들 때 기본인 육수중 가장 건강한 항암육수

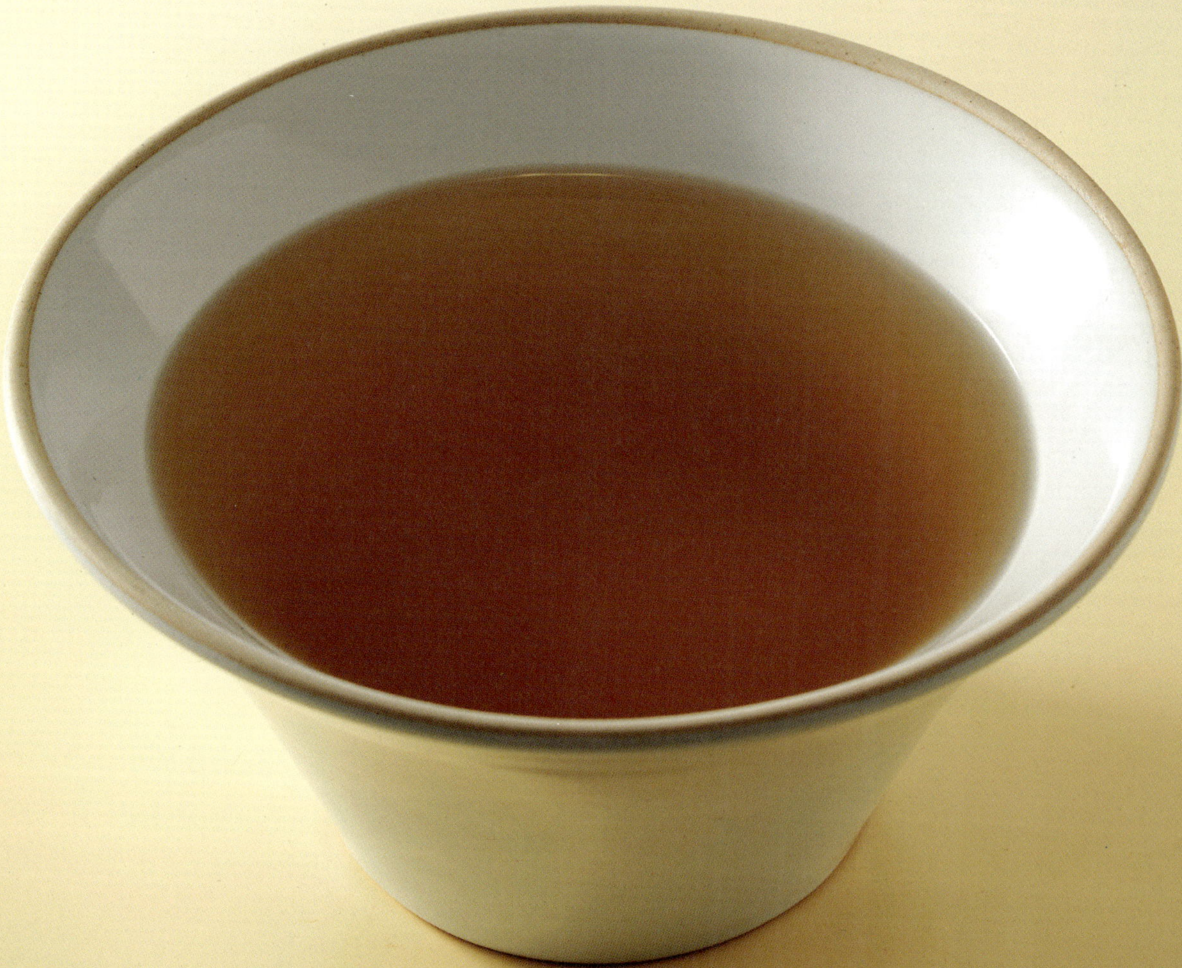

◀ **Ready**   ◆3~4인분

다시마(5×5) 5장, 말린 표고버섯 6개, 무 1/6개, 물 14컵, 양파
1/2개, 대파 1/2개, 마늘 3톨, 황태 1마리, 고추씨 1큰술

Tip

육수를 센 불에서 끓이는 것 보다 중 불이나 약
불에서 끓여야 좋은 맛이 난다. 무청 시래기를
첨가하여 육수를 뽑아도 좋다.

◀ **Make to**   소요 시간 ◆25분

1 분량의 재료를 넣고 끓여준다. 끓어오르면 다시
마를 건져내고 나머지 재료는 10분 더 끓여준다.

2 끓인 육수는 면 보에 한번 걸러서 깔끔한 육수로
완성한다.

후식배가 따로 있는
여성들에게 존경을 표하며

디저트는 꼭 먹어야 할까? 후식이라는 개념도 좋지만 간식의 개

념으로도 생각해볼 필요가 있다. 항상 균형있는 영양은 암 예방과

재발방지에 필수적이다. 입맛에 맞는 건강한 간식을 챙겨놓고 수

시로 먹는다면 면역력은 자연스레 올라갈 것이다.

정재덕 셰프

영양마떡

마의 끈적임을 싫어하는 사람들도 부담 없이 즐길 수 있다.
특히 마는 인슐린을 분비시켜 당뇨나 위 건강에 많은 도움을 준다

Tip

마는 주기적으로 꾸준히 섭취하는 것이 좋다. 쌀가루가 많이 들어가면 딱딱해지기 때문에 많이 넣지 않는다. 또한 마를 구워서 먹으면 고구마와 같은 맛이 나 디저트로 좋다.

◖ **Make to**　　　　　　　　　　　　　　소요 시간 ◆ 25분

1 마, 멥쌀가루, 설탕, 소금을 준비한다.

2 마는 껍질을 제거하고 믹서기에 갈아준다.

3 갈아놓은 마에 멥쌀가루를 먼저 넣어 준 후 설탕과 소금을 넣어준다.

4 3에 꿀 1큰술을 첨가하여 그릇에 담고 고명을 올리고 김이 오른 찜 솥에서 15분간 쪄준다.

정재덕 셰프

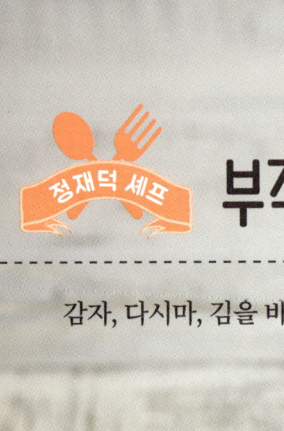

부각

감자, 다시마, 김을 바삭하고 고소하게 튀겨낸 건강 주전부리

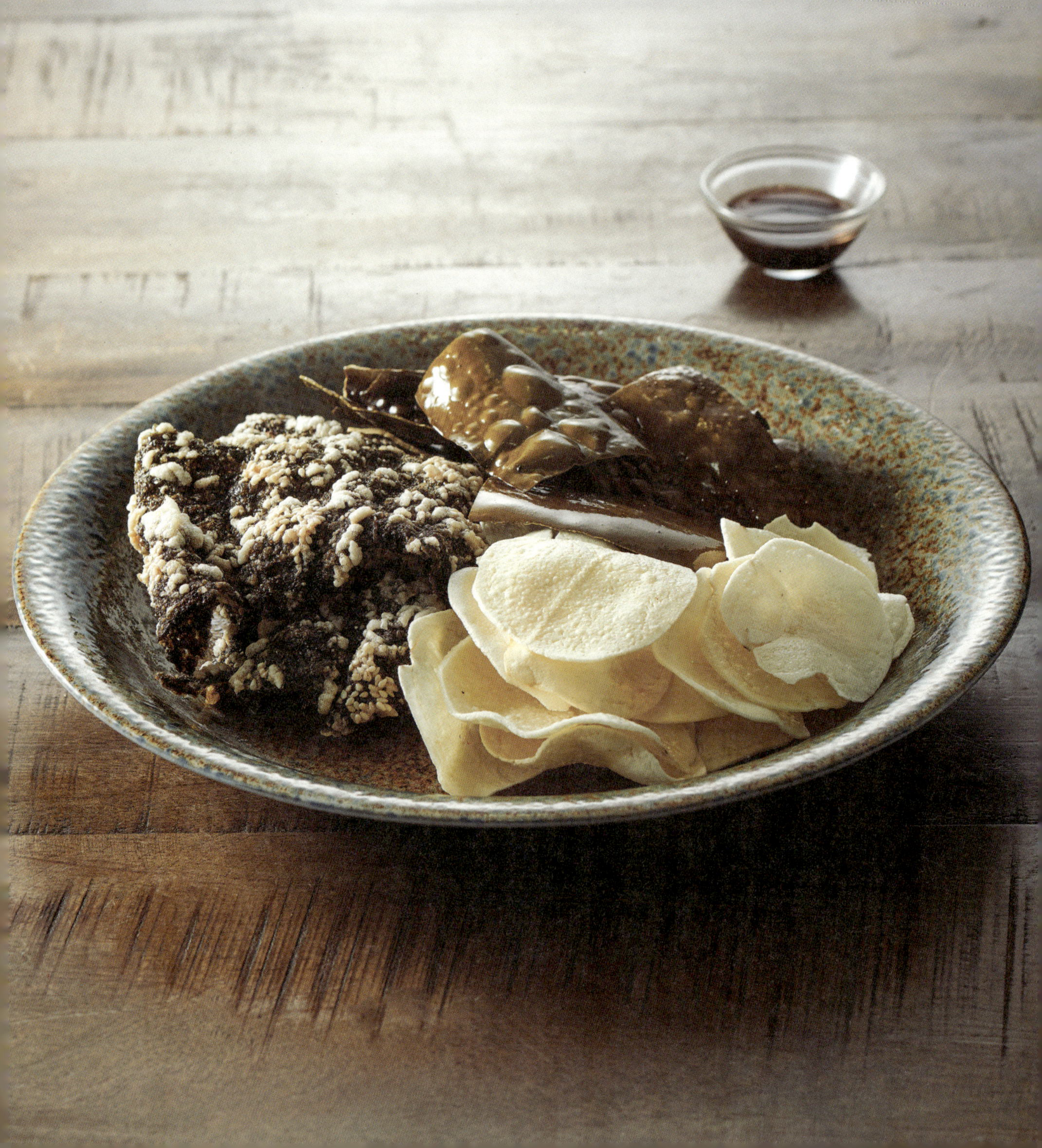

◀ **Ready**　　　　　　　　　　　　　　　◆ 2~3인분

감자 2개, 다시마 1장, 김 8장, 찹쌀가루 1컵, 고춧가루 약간, 깨
약간, 소금 1/4작은술, 물 2/3컵

Tip 기호에 따라 고춧가루, 깨 등을 발라서 튀기며,
기름에 튀기는 않고 전자레인지에서 앞 뒤로
30~40초간 돌려도 된다.

◀ **Make to**　　　　　　　　　　　　　　소요 시간 ◆ 35분

1 감자는 슬라이스하고, 다시마
는 젖은 행주로 닦아주고, 김
은 절반 잘라서 준비한다.

2 다시마는 가위로 5cm 정사각
형 모양으로 잘라준다.

3 찹쌀가루 1컵에 물 2/3컵, 소
금1/4작은술을 넣고 물에 풀
어서 걸쭉해 질 때까지 끓여서
식힌다. 식힌 후 김에 펴서 바
르고 말려준다.

4 슬라이스한 감자는 녹말을 빼
기 위해 찬물을 2~3번 갈아주
면서 전분기를 빼준다. 끓는
물에 약간의 소금을 넣은 후
감자를 데쳐서 서늘한 곳에 말
려준다.

5 감자는 180도의 온도에서 빠
르게 튀겨낸다.

6 다시마와 마른 김을 180도의
온도에서 튀겨준다. 튀긴 후
다시마에는 설탕을 약간 뿌려
준다. 부각이 완성되면 그릇에
담아낸다.

울금청 만들기

정재덕 셰프

울금은 커큐민 성분이 풍부해서
세포의 노화 억제에 도움을 준다

Tip 울금가루와 꿀을 1:1로 혼합하여 울금청을 만들 수 있으며, 울금청을 만들어 놓으면 음식할 때 이용하기 좋다.

◖ **Make to** 소요 시간 ◆ 15~20분

1 울금은 깨끗하게 세척한 후 슬라이스 해준다.

2 슬라이스한 울금에 설탕과 꿀을 부어서 섞어준다.

3 항아리는 뜨거운 물로 소독하고 **2**의 울금을 항아리에 담아준다.

블루베리 요거트 주스

시원하고 부드럽게 즐길 수 있는 건강한 요거트 주스

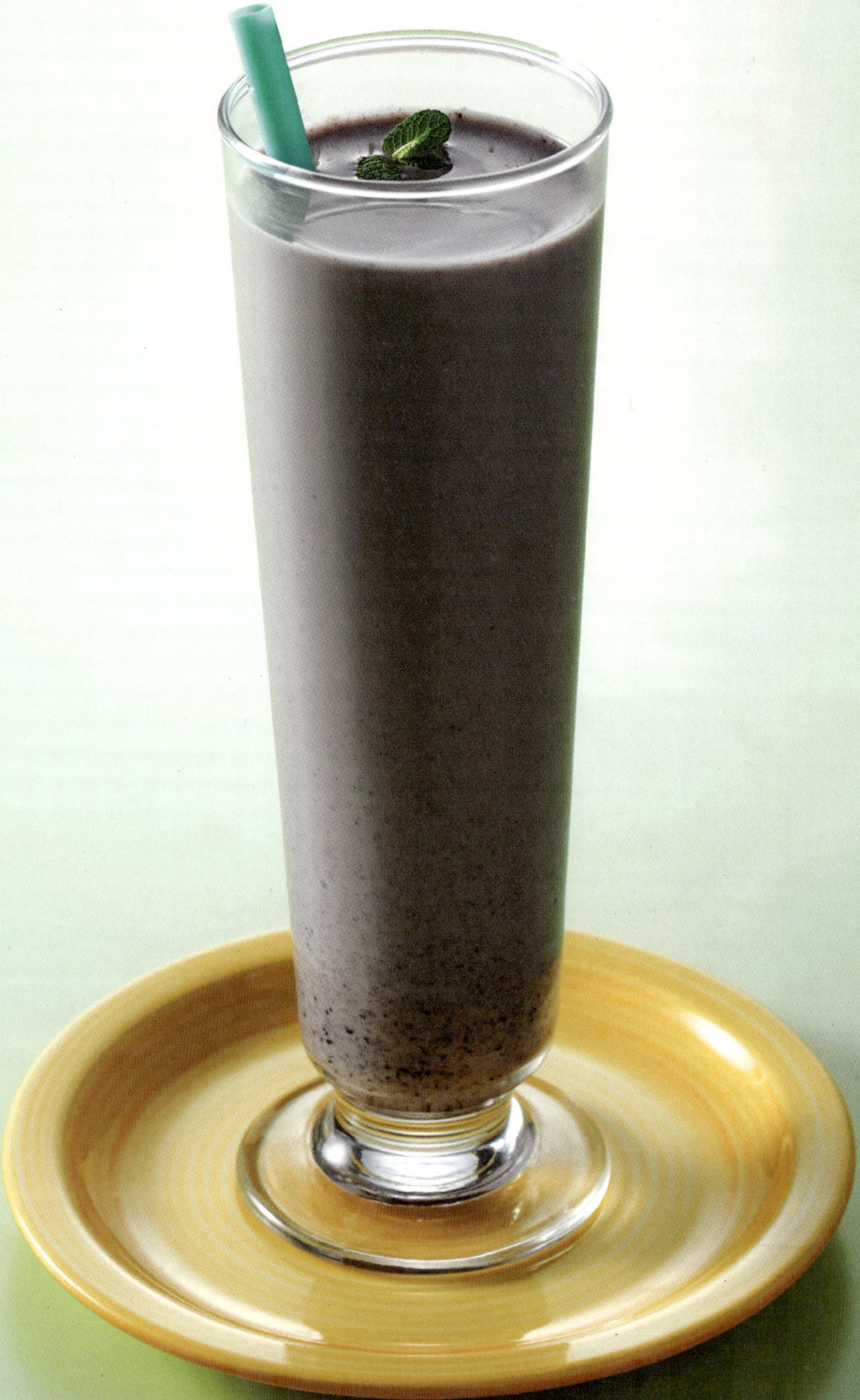

◖ **Ready** ◆2인분

냉동 블루베리 100g, 우유 2컵, 플레인 요거트 1컵, 사과 1/2개,
꿀 1큰술

Tip 기호에 따라서 꿀 대신 시럽이나 올리고당을
약간 넣어 주어도 좋다. 얼음 한 두개를 넣어
갈아 주면 시원하게 즐길 수 있다.

◖ **Make to** 소요 시간 ◆ 7분

1 사과는 갈기 좋은 크기로 4등분하고 블루베리와
요거트를 준비한다.

2 분량의 재료를 블랜더에 넣고 곱게 갈아준다.

3 곱게 간 블루베리 요거트를 유리컵에 담아 완성
한다.

세계적 유방암 명의 백남선 교수의 유방암 바이블!

가슴 설레는 맛,
가슴 뛰는 요리 77

펴낸날 초판 1쇄 2017년 4월 26일
　　　　　4쇄 2021년 10월 29일

지은이 백남선 · 이건호 · 정재덕

펴낸이 강진수
편집인 김은숙, 김도연
디자인 임수현

사진 조은선
그림 김지은
요리 어시스트 박상지 · 정숙자

인쇄 (주)사피엔스컬쳐

펴낸곳 (주)북스고 | **출판등록** 제2017-000136호 2017년 11월 23일
주소 서울시 중구 서소문로 116 유원빌딩 1511호
전화 (02) 6403-0042 | **팩스** (02) 6499-1053

ⓒ 백남선 · 이건호 · 정재덕, 2017

ISBN 979-11-960119-1-8 13590

책 출간을 원하시는 분은 이메일 booksgo@naver.com로 간단한 개요와 취지, 연락처 등을 보내주세요.
Booksgo는 건강하고 행복한 삶을 위한 가치 있는 콘텐츠를 만듭니다.